婚姻 钱包

如此不牢靠，一定要管牢

小雨莎莎 著

长江出版传媒
长江文艺出版社

新出图证(鄂)字 03 号

图书在版编目(CIP)数据

婚姻如此不牢靠，钱包一定要管牢 / 小雨莎莎著

武汉：长江文艺出版社，2012.6

ISBN 978-7-5354-5766-0

Ⅰ.①婚… Ⅱ.①小… Ⅲ.①婚姻－通俗读物②家庭管理：财务管理－通俗读物 Ⅳ.①C913.13-49②TS976.15-49

中国版本图书馆CIP数据核字(2012)第063295号

图书监制：张帆 李莹肖　　策划编辑：陈春艳

责任编辑：李潇 李艳　　装帧设计：门乃婷工作室 Tel:010-64822426

出版：湖北长江出版集团　长江文艺出版社　　地址：武汉市雄楚大街268号　　邮编：430070

发行：长江文艺出版社(电话：027-87679362 87679361 传真：027-87679300)

北京时代华语图书股份有限公司 (电话：010-83670231)

http://www.cjlap.com

E-mail：cjlap2004@hotmail.com

印刷：北京市通州富达印刷厂

开本：787毫米×1092毫米 1/16　　印张：12

版次：2012年6月第1版　　2012年6月第1次印刷

字数：144千字

定价：28.00元

目录

序言

女人想要的安全感，就装在男人的钱包里

曾有房产商说："结婚不买房，就是耍流氓！"但是，2011年8月13日开始实施的新婚姻法，将这种说法彻底颠覆。现如今，结婚买房，照样是耍流氓！

为啥？根据新婚姻法规定，结婚前，老公买的房子属于个人资产，不是夫妻共有财产。即使婚后，公婆出资买的房子登记在和你同床共枕的老公名下，身为儿媳妇的你，也照样没份！于是，对于房子而言，你只是一个免费的住客罢了。

等哪天，小三来了，昔日温柔无比的老公叉着腰，指着你鼻子骂："房子是我的，我就耍流氓，怎么着？"你也只能无奈地收拾收拾东西，乖乖给人腾地方。

黯然神伤的你，此时真的只是打酱油路过罢了，沦落为名副其实的绝望主妇。

其实，女人大可不必如此被动和悲惨，毕竟，现在已经不是"以夫为天"的男权社会。无论在社会上，还是家庭中，女人既有能力，也有机会顶起半边天，实在没有必要站在阳光照射不到的地方束手就擒，静静等待所谓"命运"的安排。对于自己的一切，我们都有足够的自主权，包括婚姻。

诚然，婚姻是两个人的事，甚至是两个家庭的事。在其形成和发展的过程中，掺杂着太多的不确定因素。维系一个家庭，经济是基础。

民间有句俗语，男人是搂"钱"的耙子，女人是装"钱"的匣子，话糙道理却不糙。想要掌握婚姻主动权，留住自己老公的心，捍卫家庭幸福，作为女人，就一定要掌握家庭经济大权，管理好老公的“钱”包。

人们说，酒壮怂人胆，在如今光怪陆离的物质社会中，“钱”却是男人变坏的通行证和帮凶。不可否认，有“钱”的男人面临的诱惑不胜其数，一不小心，可能就会陷入温柔陷阱中。管住老公的“钱”包，不让他有足够的资本花天酒地，可以最大程度上减少其出现外遇的机会，维持家庭的完整和睦。只要你手里掌握财政大权，老公的风筝线就掌握在你手里，任凭他再跑，也跑不远。只要你手里的线一收，他照旧乖乖回来。

不同于女人的心思缜密和精于算计，男人往往粗心大意、丢三落四，有“钱”之后，他们不一定在外面“彩旗飘飘”，却可能在豪爽和大方中散尽“千金”。吃不穷、穿不穷，算计不到一生穷，老公的收入是家庭经济这艘大船的主要燃料来源之一。既然老公不爱算计，身为老婆的我们理所当然应该发挥女性特长，帮助他们管好“钱”包，以保持家庭的正常运转。

可是，男女之间往往充满着矛盾，像两只相互靠近却又怕受伤的刺猬，对于女人管理自己“钱”包之意，一心想要追求自由的男人，常常会做别出心裁的抵抗，偷报漏报工资奖金、谎称借“钱”给他人、没现金刷信用卡……。

只是，再狡猾的狐狸，也斗不过好猎手。为揭穿男人的“小把戏”，女人们的聪明才智彻底被激发，网上银行、电话银行、财务软件、跟踪探访、打入朋友圈……一切皆为所用，让老公们防不胜防，私房“钱”无处可藏。

斗智斗勇，给原本平凡的生活，增添了更多的情趣，也让女人们在实践中掌握了更多的“管理”技巧。只是，在此过程中，奉劝各位老婆大人们，切记不要把老公管得太死，将其“钱”包“洗劫”一空。须知，男人是“面子动物”，你让他在外失掉面子，他可能会离你越来越远。

当然，管好老公的“钱”包，并不意味着把老公“钱”包中的“钱”挪到我们的“钱”包，然后自己随心所欲地花。既然掌管家庭经济大权，就要承担起“财政大臣”的职责，让家庭资产在自己的打理下，能够保值增值。

为此，我们在精打细算的基础上，还要学会几招理财本领，学习股市K线图、研究一下哪支基金更靠谱、为家庭成员量身购买合适的保险。记住，无论采取何种方式，我们都要和老公一起研究，在理财中相互沟通，让两人感情在家庭“钱”包加重的同时不断升温。

姐妹们，只要你确认想要幸福，现在就要开始行动起来。作为新时代的女性，我们要在家庭中与老公并驾齐驱，管好老公“钱”包，从根本上自立自强，有一份自己的事业，做一个有前途的希望主妇。

唯有对老公经济动向洞悉明确，才能知己知彼，棋高一着，使自己永远立于生活中的不败之地。退一步来说，即便不幸遇人不淑，也不至于赔了感情又赔“钱”！

想要套牢男人心，就要管住他的钱

第一章

现如今，人们的钱包日渐鼓胀。而有了“钱”的男人们也渐渐迷失在这光怪陆离的物欲世界，他们的行为渐渐偏离正常的价值航道，抛妻弃子、花天酒地、金屋藏娇……“钱”推动着男人变坏，成为了男人们变坏的幕后黑手。

患难夫妻，怎就不可同富贵？

最近，堂妹芊芊的准公公老苏和准婆婆在闹离婚。在人生最艰难的岁月里，老两口风雨兼程地相依相偎走了20多年，却在生活已然富裕的不惑之年反目成仇，即将一拍两散。

原来，和妻子共同创业，身家已经超百万的苏爸爸有了外遇。对方是苏爸爸的女秘书，两人地下情秘密进行了多年，私生女已经3岁。“小蜜”急着给自己的千金上户口，方便上学，才催着苏爸爸办离婚。

早已在家做全职太太的苏妈妈，是最后一个得知这个公开秘密的人，她一度伤心欲绝，不敢相信自己的耳朵。可让她最难以置信的是，同床共枕20多年的丈夫告诉她，工厂这几年赔了不少钱，房子他也拿去银行做抵押贷款了！综合算下来，工厂已经资不抵债。如果苏妈妈同意离婚，出于多年夫妻情谊，老苏可以分给她10万元。否则，上了公堂，苏妈妈可能一分钱都得不到！

虽然明知生意红火的工厂不可能会出现如此亏损，但无奈苏妈妈平常对工厂和老公的财务情况了解甚少，最后，也只能是打碎了牙往肚里吞！毕竟打官司既耗时间又费精力，她实在折腾不起。

这件事对芊芊触动很大。此前，她和男友在上海这座城市单独打拼虽然很艰辛，但她却感到很快乐幸福。因为她认为，只要有爱，两个人一起努力，票子会有的，房子和车子也都会有的。可没想到，曾经被她标榜为“夫妻楷模”的苏爸苏妈的爱情神话彻底破灭了，这让芊芊一时无法接受。

芊芊郁闷地感慨：“难道夫妻真的只能共患难不能同甘吗？我曾以为患难的感情才是真感情！但是，苏妈妈辛苦了一辈子，最后等到自己年老珠黄、行将蜡炬成灰之时，老公、房子和票子却被另一个年轻女人轻松占有了！这可是女人一辈子的悲剧。我不知道我这么跟着小苏穷开心，是否有一天也会沦落到苏妈妈一样的结局？我真的无法想象！”

婚姻犹如围城，里面的人想冲出来，外面的人想冲进去。围城之内的夫妻关系既简单又复杂，其中的爱恨交织，只有身在其中方能体会。有的能在艰难困苦的生活中甘之如饴、相濡以沫，可是一旦发达了，却劳燕分飞，这样的例子在现实生活中屡见不鲜，并不仅仅苏爸苏妈一例。

2009年4月，28岁的桐城人李华(化名)买彩票喜中904万元大奖。可是，一夜暴富的他并未打算将此种喜悦与当初不惜违抗父命，为了爱情与贫穷落魄的他私奔的患难之妻黄兰兰分享。直至2009年5月，黄兰兰晚上上厕所时用老公手机照明，无意中方才发现了他暴富的蛛丝马迹——一条显示账户余额400多万元的短信。

虽然被妻子发现，李华依旧想方设法转移资产，并开始对糟糠之妻百般刁难。可是，当伤心欲绝的妻子最终向法院提出离婚并要求查实李华资产之时，李华却打着“感情并未破裂”的旗号向老婆大举白旗，以致离婚诉讼搁浅。

婚没离成，李华却并未停下他转移巨额资产和冷落妻子的脚步，他依然我行我素，瞒着妻子购置房产、店铺等高额资产，而在娘家苦守的妻子黄兰兰，只得继续无奈地守着孩子与老公打官司。

而要提起能共患难不能同甘的例子，当属宋朝时的陈世美和秦香莲了。陈世美家境破落，但妻子秦香莲却不离不弃，在陈世美离家赴京赶考之后，依旧含辛茹苦、穷耕苦织，奉养公婆和抚育儿女。但是，陈世美高中状元后，却将家中妻儿老小弃之于不顾，自己入赘当了驸马，享受起了荣华富贵。

在日常生活中，像黄兰兰和秦香莲这般为了家庭含辛茹苦、劳心苦力，奉献自己的青春，奉献自己一切的女人并不鲜见。在婚姻家庭中，她们唯老公是瞻，自己的所作所为皆是替冲锋的老公服务。在老公这支“潜力股”最低迷的阶段，她们不遗余力地支持着，可是，一旦老公这支潜力股发达了，却毫不留情地将已熬成黄脸婆的她们一脚踹开。这不能不说是女人的悲哀！

她们的境遇无疑是令人同情的。因为她们在婚姻中无疑处于弱势一方，尤其在经济方面依附老公更多一些，可一旦相濡以沫的老公变脸，她们手中的筹码卑微得可怜，常常被老公忽略不计。以至于，越来越多的“陈世美”出现在人们的视线当中。

正所谓，“求人不如求己”！女人们要想避免有朝一日成为一无所有的秦香莲，唯一的法门是抓住男人的腰包，毕竟，经济是男人的咽喉。卡住男人的“腰包”，犹如蛇打七寸，能对男人的猖狂不羁起到立竿见影的效果。

孙楠可谓是当前内地最红男歌手之一。然而，他的成名亦和前女友辛欣不离不弃的互相扶助有关。他俩于1998年在大连相识，辛欣不仅在生活中全身心地照顾孙楠，而且极力帮助孙楠打理音乐以及音乐以外的事务。可谓是孙楠“出得厅堂、下得厨房”的背后女人。

然而，1998年孙楠因《不见不散》的走红而熬出了头，同时，也找到了另外的红颜知己。孙楠成名了，辛欣失恋了。为此，她能做什么？除了郁闷，好像别无他法！

生活并非是一成不变的。绝大多数携手相伴一生的夫妻都会经历由甘到苦或由苦到甘的经济变化过程，如何顺利渡过婚姻难关，这就在于女人生活的哲学以及驾驭老公和互动的能力与技巧。假如苏妈妈、黄兰兰等能在婚姻这块领土中，牢牢把握住家庭财权，这样，即使待到最后患难夫妻不得不各自飞时，她们也能稳操胜券。

如今，老公没本事的不能靠，有本事的又靠不住。所以我告诫芊芊："不要把幸福的希望全部寄托在未来的老公身上，好好地爱自己，发展自我，管好老公的钱包，或许你还能得到一些东西，好男人真的有，但不一定属于我们每个人。把幸福的舵要牢牢把握在自己的手里，才能使你自己的船不至于偏航，不至于触礁。"

理财第一步，hold住男人的烟酒

烟酒的危害人尽皆知，然而，男人们对烟酒的钟爱之情却始终热度不减。有人如是评论道："十个男人，七个好烟八个好酒九个好色，还有一个样样都好。"现在，越来越多的年轻人前仆后继，中国的"烟民"和"酒友"的队伍也是日渐壮大！殊不知，男人们酒桌饭碗边的吞云吐雾和推杯换盏，不仅仅快速消耗着健康的体魄，还熊熊燃烧着一沓沓丰厚的人民币。

酗酒的金钱成本在嗜酒如命的堂哥身上表现得尤为明显。堂哥比老公年长2岁，酒量绝对可以称得上"海量"。一次，在家务农的堂哥到我家做客。来之前，老公就给我打下"预防针"："我堂哥就是好酒这么一口。咱们其他的可以凑合，但'酒'却马虎不得！"

我心想，堂哥千里迢迢来一次不容易，就赶紧跑到超市挑了两瓶100多元的白酒回来，静候其主享用。

堂哥来了之后，果然对酒爱不释手。然而，收入低微的他却直言不讳地感慨："弟妹啊，你的心意我是领了！这酒一看包装就便宜不了。只是，你要按这标准招待哥，没几天你那俩钱都得进我肚子里！"

我呵呵一笑，不以为然地说："这酒能喝多少钱？你难得来一次！尽管敞开了喝！"

堂哥酒进肚子，话也多，"弟妹，你还真别不信！且容我给你算笔酒账！你这一瓶白酒500ml，也就一斤左右。我省着点喝，一天就中午和晚上喝两顿，一顿喝个4两，一天就8两酒了。你这酒多少钱一瓶？自家人，但说无妨！"

第一次听闻堂哥的酒量，我心里暗暗纳罕，不自觉地就说："一百。"其实，我还少说了30元。

堂哥一听"Hold"不住了，大嗓门地嚷道："以后可不能这么败家！给我买那10块钱的二锅头就行。我在家喝的就是这个，尽管如此，我每个月酒钱都得300多元。"

我暗暗咋舌，心想，堂哥夫妻俩年收入也就2万元左右，既要供孩子上学，还要支撑其他的家庭开销，几乎入不敷出。现在，还多出一项酒钱支出，每年高达3600元，占了家庭总收入的18%，相当于孩子一年的教育费用。

嫂子在家省吃俭用，勤勤勉勉，对于堂哥这一既烧钱又烧身体的举动却不闻不问。我曾试探性地劝诫过堂哥，说喝酒伤身体，还是少喝为好。然而，堂哥只是斜瞟着一双醉眼，说："蜉蝣朝生暮死，一样很快乐！大丈夫难道惧死不成？"这一"豪言壮语"说得我叹为观止，只得偃旗息鼓作罢。

而如今，随着CPI的节节攀升，酒价、烟价也是渐渐高企，从几元到上百上千元，甚至是上万元皆是不足为奇。对于老百姓，烟、酒犹如“毒药”，伤身体的同时，也在大口吞噬着老公的金钱，别人家的瓦上霜咱管不着，但是自家的门前雪却不得不扫。管住老公的嘴，不让“烟”、“酒”这两项毒药源源不绝地流入老公的体内，肆虐滋生，阻止自己的老公沦为“烟酒的阶下囚”，让其戒烟限酒，是摆在我们每个女人面前的一项重大课题！

克服这一重大课题的快速法门，就是紧握老公的钱包，抓住老公的财权。毕竟老公缺了钱，犹如缺了腿，没有经济再去支持他去买烟买酒。然而，这种掐断“经济命脉”的方式绝不能用野蛮的武装剥夺手段，只能用迂回的方式进行。

不要正面批判和指责老公抽烟喝酒的坏习惯，平常只要紧握老公的钱包就好。自己成为家庭的CEO，让老公习惯你的理财思维和方式，才是最有效的“温水煮青蛙”的和谐方式。

要想让老公在烟酒这一烧钱又烧身体的消费陷阱前“Hold”住，身为管家婆的你，除了时不时地向他灌输抽烟喝酒的危害，还得时不时地学会“哭穷”，倾诉家庭的难处与不易，培养老公正确的理财观，树立老公的家庭责任感。

而为了能让老公清晰地看到戒烟限酒对于家庭财政“节流”所做的贡献，我们不妨为老公设立一项戒烟限酒的资金“蓄水池”，每月将其戒烟限酒省下来的零花钱投入“蓄水池”中，并记一笔明细账，让老公定期地盘点一下积累得日渐可观的资金，对他来说也是一种莫大的精神鼓舞。毕竟，烟酒不仅是毒药，更是一种“瘾”！

而正所谓“重赏之下必有勇夫”！当老公戒烟限酒，为家庭支出节省下不少的开支之时，身为CEO的我们不妨时不时地替老公制造一点小惊喜。

等老公坚持了一段时间，我们不妨将“蓄水池”中的资金拿出，为老公购置一套名牌西装或者皮带等男士用品，以犒劳他的劳苦功高，激励其在戒烟限酒的道路上走得更为坚定。毕竟“人靠衣装马靠鞍”，衣着的光鲜能在某种程度上补上“不抽烟、喝酒不够‘Man’”所失去的“男人脸面”！而目睹每月的房贷和生活的压力，老公更加能从金钱上“Hold”住烟和酒的诱惑！

赌海虽然无涯，巧妇也有回头法

人说，赌场是长赢客，而赌徒却是十赌九输。赌博犹如吸毒，越赌越上瘾，赢了还想赢，输了想翻本。总之，要想让人停下赌博的脚步，真是件比登天还难的事情。在现实生活中，因为赌博而倾家荡产、家破人亡的事例比比皆是。

远房姑姑有个女儿叫倩倩，只比我大3岁。早些年嫁给老公阿兴，人长得相貌堂堂，而且头脑活络，勤勉肯干，家境也颇为殷实。阿兴虽说只有初中毕业，但是从学校出来后没多久就去参加了一个学开挖掘机的培训。

此后，一直帮人开挖掘机，工资比一般的白领都高，从最开始的四五千元一个月一路涨到了近万元。因此，表姐倩倩刚嫁过去，众人都夸她嫁了个好人家，找了个好男人，一辈子衣食无忧了。姑姑对自己的女婿也是横竖挑不出毛病来，越看越中意。

最初，阿兴确实也不负众望。在开了七八年挖掘机后，手上攒了将近有五十万元，计划着和人合伙买一辆挖掘机来拉活，这眼瞅着日子是要越过越红火了。然而，天不遂人愿！阿兴以前的几个狗肉朋友得知阿兴手头有些钱，都纷纷找上门来拉感情，一顿吹捧。慢慢地，阿兴和他们走得很近。

见时机成熟，几个狗肉朋友开始相约阿兴打麻将。最开始阿兴还有所犹豫，但朋友说："开挖掘机多辛苦，这钱挣了干嘛的？不就是玩玩吗？百忙之中，还是得抽空休闲一下！"阿兴拗不过，跟着朋友上了桌。阿兴想打10块的，但朋友们不干，"10块的都是小孩子家家打的！最少得打100块！你还在乎那点钱吗？"阿兴哪能在朋友面前失了脸面？况且还不一定谁赢谁输呢！

果不其然，前几次，阿兴是春风满面，赚的是不亦乐乎，朋友们个个垂头丧气。但是，朋友们很"讲义气"！俗话说，"输了钱可不能输了气啊！"朋友们还是一如既往地陪着阿兴玩牌。

阿兴最开始还有点不好意思。然而，渐渐地，阿兴的牌运便开始急转直下，每次都要输上好几千，多时甚至近万。也有赢的时候，但一般都只是几百块钱。没多久，阿兴不仅把前期赚的钱全吐出去，更是输掉了近10万的本金。瞒着老婆的阿兴夜不能寐！他不甘心自己的"血汗钱"就如此打了水漂，便暗暗下定决心：大丈夫，从哪里跌倒就得从哪里爬起！

于是，他更加疯狂地投入他的"牌局大战"。老板有活找他干，他都找病推脱了。

然而，事与愿违，阿兴的赌运并没有如他所想的那样，有所逆转，反而犹如泄了气的大盘，每日继续阴跌。阿兴深套其中，根本无法自拔，他满脑子想的是"打牌——翻本——翻本——打牌"！

而倩倩一直在家当贤妻良母，相夫教子，操持家务。每个月老公给一千元的生活费。家里的钱，都是老公阿兴掌管。因此，阿兴的这一疯狂举动，倩倩一直是蒙在鼓里，根本就不知道。

直到有一天，阿兴跑了！他不仅把计划买挖掘机的50万输得一干二净，甚至还借了30多万的高利贷。由于长期不去工地干活，老板已经将他辞退，阿兴一时找不到活干。然而黑社会滚雪球般的高利贷利息，阿兴即使拼着老命地干活，充其量也只能还利息！放高利贷的黑社会一次次逼着还钱，“赌徒”阿兴终于害怕了，绝望的阿兴在月黑风高的夜晚，扔下老婆孩子跑了！

六神无主的倩倩被债主逼得团团转。后来，在哥哥的帮助下，倩倩带着年幼的孩子远赴他乡，至今杳无音信。

“赌”，把阿兴一家原本美好的生活大道全部“堵”死了。

对于家庭而言，女人，如何让自己的老公远离赌场，远离赌博，背负起家庭的责任，少一些投机，才是根本之计。

阿兴的“赌”葬送了家庭幸福的美好生活，然而，这也和温顺内敛的倩倩平时对于老公财务的不闻不问不无关系。假如，倩倩能对老公财务多一份关注，多一份“叛逆的反抗”，或许，如今，他们的生活仍是一片美好！一片和谐！而非今时今日的东奔西跑和东躲西藏了。

做老公财务的风向标，才能及时地发现老公沾惹赌博恶习的苗头。一旦发现风吹草动，此时，不要犹豫，狠敲警钟的同时，还要大吹枕边风，对老公痛陈赌博恶习的坏处，从经济上严加看管，就可能将犹豫不决的老公及时从悬崖边拉回。

可一旦老公泥足深陷，沉迷于赌场流连忘返，彼时，就得痛下“狠招”：严格贯彻执行严密的经济封锁，不给老公留下丝毫得到金钱的机会的同时，还得恩威并济，施以“怀柔”+“安抚”政策，大打亲情和爱情牌，相信不少老公可能在老婆的不懈努力下，终究迷途知返。

倘若，赌红了眼的老公油盐不进，软硬不吃，依旧执迷不悟，在家庭和赌博间坚定地选择后者，则基本可以判定为“无药可救”型。此时，身为管家婆的你，肩负着抚育孩子和担当家庭的重任，只得紧握手中“残存”的钱包，抱定一副将损失降到最小化的心态，毅然决然地选择“远离”！

小三当道，必须看紧老公的钱包

2010年，一个征婚节目爆出这样一个情节：一位酷爱骑自行车且无业的男嘉宾问心仪的女嘉宾：“你喜欢和我一起骑自行车逛街吗？”女嘉宾毫不犹豫且理直气壮地回答：“我更喜欢在宝马车里哭！”

于是，“我宁愿坐在宝马车里哭，不愿坐在自行车上笑”成为一句口头禅迅速蹿红，它击中了无数女人的心扉，激起了她们强烈的共鸣，也成为当代部分女青年的择偶的“座右铭”。

在她们心目中，钱能呼风唤雨，钱能让鬼推磨。而且，钱拥有神话般的力量的想法，使得越来越多的女孩子，尤其是自恃貌美的女孩子，不甘于人后，争当金钱的主人！为此，她们纷纷摒弃为人的准则，自我沉醉于“我贱，故我在”的“崇高”精神境界中。钱——就是她们的价值观。

现实社会中，年轻的富二代和钻石王老五毕竟是稀有物种，但是，功成名就的“宋思明”们却不乏其人。年轻漂亮的海藻口口声声地称自己和宋思明是真心相爱，然而，正如海藻妈妈所分析的那样，海藻爱的不过是光环照耀下的宋思明。

看看大学校门外，每逢周末，排着长队的名牌轿车，张大着黑洞洞的嘴巴，等待着一个个打扮得花枝招展的女大学生们飞扑进去。当她们银铃般的笑声随着一股股黑色尾气一并消失时，你就该明白，“小三”已经越来越低龄化，越来越学历化。

而对于已婚男来说，比老婆更年轻时尚的女孩，确实是一个巨大的诱惑。正所谓，妻不如妾，妾不如偷，偷还不如偷不着！男人在性方面犹如一个探险家，对未知女性充满好奇心和探求欲。正所谓，“吃着碗里的，看着锅里的，还要惦记勺子里的！”

曾有人这么总结男人：“背叛是男人的血统，博爱是男人的宣言，自由是男人的口头禅，见异思迁是男人一贯的风尚。”虽然不乏其偏激之处，然而，不可否认，却恰如其分地将部分花心男剖析得淋漓尽致。拜金女与花心男相遇，必然是臭味相投、一拍即合。

当你发现自家的男人“在家红旗不倒，在外彩旗飘飘”时，你会发现，“山无棱天地合，乃敢与君绝”，不过是琼瑶编织的女人欺骗女人的爱情童话罢了。更多时候，当他发现比你还年轻的“青山”，早已乐不思蜀地飞奔而去。

新婚一年之内，当得知曾经甜言蜜语的老公不可避免地偷腥后，小娜肝肠寸断地对我控诉：“宁可相信世上有鬼，也不要相信男人那张嘴！”

虽然不乏其偏激之处，但女人要是把自己全部的生活期望寄托在男人那张嘴上，终有一天你会发现，生活中诱惑太多，男人容易变质，爱情容易变质，生活也就慢慢地变质了。而婚姻法的新解释，无疑又给花心男带来了“福音”，为找“小三”离婚扫平了“财产分配”的顾虑。

古时，男人三妻四妾，小三小四名正言顺地登堂入室，正房为了牢固自己的经济地位都是千方百计地抢当大当家，努力抓住家庭财权，才能使自己立于不败之地。

现如今，小三小四满天飞，老公有外遇，最后一个知道的人大多是老婆。女人倘若自命清高地将“爱情”与“金钱”撇得清清楚楚，一味沉溺在自己的一厢情愿里，对老公的钱包不闻不问，将老公的财权放手，等到真相揭开的最后那刻，小三登堂入室的那天，你即使不挥手，也带不走一片“云彩”，给自己徒留伤悲。

在这个小三频出，部分年轻貌美的女孩子价值观扭曲的今天，女人们，一定要管好自家老公的钱袋子。毕竟，谁也不愿意将自己辛辛苦苦耕耘的劳动果实让别人肆意分享。而没有了金钱光环的照耀，男人们即便再有魅力，在小三们眼里也是黯然失色的。

闪婚易闪离，别让财产闪了腰

我们处在一个变化的社会，除了变化本身不变之外，一切都在变化。与之相应，人们的脚步也开始变得行色匆匆，一切行动都像被按了“快进”键。我们吃着快餐，坐着高铁，闪着婚……

但是，事物的演进总要经过一个过程，如果人为地提高速度，结果可能就像拔苗助长，既毁了苗，又丢了钱。

刘婷是我高中同学兼闺蜜，大学毕业之后，留在了上海工作。虽然身边一直不乏外界看来还算优秀的追求者，她却并不为所动。2008年春节前聚会时，她还苦闷地对我抱怨："要找一个有感觉的男人，怎么就这么难呢？！"

人们常说，小孩的脸像七八月份的天，说变就变，其实，女人更是如此，甚至有过之而无不及。某一天，我突然接到她的电话，甜蜜又幸福地宣布："亲爱的，我找到真爱了！下周末结婚，你来当我的伴娘吧！"

刘婷"闪婚"了！对方是刘婷过年回家时的相亲对象，谈吐不俗、风流倜傥，俩人一见钟情，由于刘婷春节假期有限，为了拴住刘婷，他们在交往一周后，赶在民政局年后上班的第一天，手拉着手迫不及待地领回来两个大红的结婚证书，俩人甚至还没来得及见双方家长！

领回证后，刘婷才知道，老公丁广在当地竟然是个小小的富二代，他家开了个陶瓷厂，丁广子承父业好几年了，事业也是顺风顺水。但是，因为他们瞒着家里闪婚，这桩婚姻并未得到公婆的祝福。而刘婷父母虽然也不同意这门婚事，但无奈木已成舟，为了不让唯一的闺女在婆家抬不起头，刘婷爸妈咬牙拿出自己大部分的积蓄——50万元，作为女儿压箱底的嫁妆钱。

婚后，刘婷辞掉了上海的工作，而且因为怀孕2个月，老公也不让她插手厂里的事情，她也就安心地在家当起了家庭主妇。

丈夫在外打拼事业，妻子在家待产，表面看起来，这个家庭完美得有点过分。然而，王子和公主的故事并没有如童话般延续。2008年底，在获悉刘婷诞下的是女儿后，老公丁广的脸色由晴转阴。

后来，从婆婆口中，刘婷才得知真相：丁广想要的是——男孩！丁广仿佛越来越忙，起初是连续几天不回家，随后发展到连续几个月都看不到他的身影。即使回家，也是拿些东西赶紧闪人，基本对刘婷和女儿不闻不问。

原来幸福美满的日子，渐渐变味了。

为了孩子，刘婷忍下来了。但是，脾气再好，性格再隐忍的刘婷也不能忍受丁广堂而皇之地带着其他女人登堂入室。终于，在女儿2岁时，刘婷决定和丁广分道扬镳。

然而，等到两人对簿公堂时，刘婷方才发现，虽然老公一手打理着陶瓷厂，但陶瓷厂的股份以及厂里每年近百万元的收益，竟然和她全无关系。

原来，当年丁广的父亲将陶瓷厂交给他经营时，父子俩签订了一份《投资人转让协议》，但当时丁广没有实力将转让款支付给自己的父亲，因此，原本的转让行为失去效力，陶瓷厂的股份以及效益名义上不属于丁广，自然也与刘婷毫无瓜葛。

更让刘婷心寒的是，在两人离婚之前的2009年初，丁广还将婚后购买的一辆价值百万的宝马轿车以买卖方式过户给了自己的母亲，价格仅为3.6万元，其用心昭然若揭。

如此算来，丁广最后拿出来分配的婚后财产只有自己每个月区区6千元的工资，而这亦是早已挥霍殆尽。更令人发指的是，丁广竟然厚颜无耻地向法官提出，刘婷父母结婚时赠予的50万元属于婚后财产，因为那是赠予他们双方的，应该予以平分。

最终，法院鉴于丁广为过错方，判决50万元中的10万元归丁广，刘婷带着折翼的40万元和女儿回了娘家。闪婚闪离，带给刘婷的不仅仅是伤痕累累的精神创伤，更是让父母的财产狠狠地闪了下腰。

在追求快速消费的当下，一些敢为天下先的年轻男女，纷纷追求快餐式的爱情消费。然而，当闪婚带来的轰动效应和刺激感渐渐散去，爱情光芒亦开始渐渐黯淡之时，一直被情绪所掩盖的各种后遗症亦随之而来。

面对复杂的婚姻和生活状况，闪婚族们几乎是无所顾忌地进出民政局，与进出麦当劳和肯德基的随意没有多大的区别。

但是，当事人内心的感受果真如此吗？负责任地告诉你，肯定不是！可能有人假装豁达，会说："离婚有什么？大不了重新选择！"

纵使在思想观念日益开放的现在，离婚率更多地与一个国家地区的发达程度息息相关，使得离婚这件事情，看起来不再像以前那样被重视，但对于当事者，尤其对女方来说，被他人看不起还算是小事一桩，毕竟我们不是生活在别人的眼神和态度中，离婚给其造成的真正伤害是，留在心中一段惨痛的记忆，以及对未来美好的破灭。

或许，破灭的可以再重新燃起，惨痛的记忆可能会消失，但经历的一切，总会在心间留下记忆，是心伤，也是一声叹息。

而且，从经济学角度来看，婚姻是一种交易行为，也是一种组合行为，双方将自己的所有，包括财产，放在一起。但同时，婚姻也是一种高风险行为，婚姻的维系只有唯一的赌注，即感情，如果感情不在，婚姻随之也会解体。一旦婚姻解体，一切附着在婚姻上的事物，或消失，或一分为二输。

由此，闪婚也就成为了一项高风险的赌徒行为。这种风险，让擅长把控风险的投资大师巴菲特都恐慌不已，他曾说过，他一生中最重要的投资并不是买入哪种股票，而是选择跟谁结婚。

既然婚姻随时可能面临危机和风险，我们要时刻保持清醒和理性，不仅在于选择和谁结婚，更重要的决定是"选择何时、何地、如何恰当地止损"。

面对日渐死亡的婚姻，刘婷几乎采取消极的逃避态度，放之任之。没有积极参与老公的财政情况，以致几乎处于一种浑然不觉的状态。然而，更让人遗憾的是：对于自己父母不遗余力奉献的财产，刘婷也未采取任何的防范和保护措施，不知如何恰当的止损。以至于，她在后来剑拔弩张的离婚战争中，一路溃败，既赔了丈夫，又折了自己的财产。

虽然自古以来经济基础决定上层建筑，但在家庭这个特殊区域，做最多贡献者，不一定受到最高礼遇，还可能被大男子主义且诡计多端的丈夫算计。于是，离婚进行财产分配时，“血汗钱”被盘剥的人群中，更多出现了女性的身影。

一位不愿公开姓名的女人这样形容其离婚过程：“结婚时，我们一无所有。我努力工作养家并挣了不少钱，而丈夫一直在接受医生职业培训。我是个忠实、顾家的好妻子，他却抛弃我去找更年轻的女人。离婚时，他分走一半我的血汗钱。这不公平。”

这当然不公平，而且也很残酷！可是，亲爱的女人们，这个社会原本就很残酷。

表面看来，现代社会女人的地位提高了，不过，有时想想，事实并非如此，在某种程度上来说，反而是降低了。

古代社会，女子无才便是德，大门不出二门不迈，不参与社会竞争，丈夫三妻四妾比比皆是。现代社会，女人个个仿佛化身花木兰，在职场上的拼杀丝毫不让须眉，结果怎样？还不是小三、小四满天飞！婚姻仍然像是一块脆弱的玻璃，被风轻轻一吹，就支离破碎。

一句话，不要以为个头矮、长相差的男人就不花心，同样，不要以为收入比你低的老公就忠贞无二心。

女人们，这个社会没有绝对的安全，更没有绝对牢固的婚姻，所以，在谈恋爱时，就请睁大双眼，拿出足够的时间相处，细细考察对方，确保其人品等方面没有明显缺陷时，再考虑婚姻。不要头脑一热，就匆忙定下终身。等步入婚姻后，也不要掉以轻心，还要管好自家的男人和钱包。否则，即使你可能不是闪婚，却也可能闪离。

管钱这件事，要听妈妈的

管理男人，是一项比管理公司更难的任务。俗话说：想管住男人的心，先管住男人的胃。可如今，烧得一手好菜，并不一定能留得住男人的身，更不可能留住其心。最行之有效的方式，就是管好他的钱。只要手里掌握财政大权，老公的风筝线就掌握在你手里，任凭他再跑，也跑不远。

女人婚后一定要掌财权

钱钟书在《围城》中说，“婚姻就像一座围城，城外的人想进去，城内的人却想出来。”然而，无论婚姻如何让人欲罢不能，智慧的女人总能于万缕千丝中剥茧抽丝，把婚姻打理得有声有色，打造出令众人艳羡不已的婚姻家庭。

究其原因，答案无不雷同。正所谓，万变不离其宗——钱。家庭的任何活动无一不是围绕经济生活所开展的。恋爱时，男友为你及其家人慷慨解囊、一掷千金，心中充满无限自豪的你或许倍感光彩。可是一旦男友升级为老公，对于他的“大方”，恐怕你无法做到无动于衷、坐视不理。

因此，处于“夹心层”的你，当好家庭财长，做好家庭经济的掌舵人，妥当处理好各方面关系，引领家庭走向正确的航道，就显得迫不及待。

可是，财政大权并不是唾手可得。在一个家庭中，夫妻双方对于财权往往有一个PK的过程。身边亲朋好友们的婚礼仪式上越来越多地加入这样一个小插曲：司仪手上握着一串钥匙，让新郎和新娘去抢，谁抢到就意味着谁当家，谁主管家中的财权。

在我的婚礼仪式上，我极力主张把这一环也加入进去。老妈却一本正经地反驳：“自古‘男主外，女主内’，外面男人当家，家里女人当家是千古不变的定律。男的大手大脚，花钱没计划，如何能胜任家庭财务总监的重担？”面对老妈的理所当然，老公颇感为难！

其实，对我来说，如今男女平等，谁管钱都是一样！可老妈也有她的一番道理：过日子讲究的是理财，男人大多粗心、花钱无节制。相比之下，女人特有的敏锐直觉，细腻的心理，以及量入为出的朴素观念，很容易让女人在家庭中自然成为管家婆。

老妈还把小姨和小姨夫当年结婚之初家庭理财走过的弯路“爆料”出来，希望我们引以为鉴。

原来，当年小姨和小姨夫结婚时，由经营电焊生意的小姨夫掌管家庭财权。见店里生意红火，一直笃信“钱是赚来的，不是省来的”的小姨更是对家庭钱财的管理不闻不问。

直至婚后两三年，小姨生孩子时早产，需要缴纳一万多元的住院费用。在大家都以为小姨夫轻而易举就能掏出钱时，急得如热锅上的蚂蚁的他才支支吾吾地道出财务真相：他不仅拿不出一万元，反倒还欠了银行一万多元的贷款。

原来，小姨夫做电焊生意赚到不少钱，可是，他花钱没节制，早已将赚来的辛苦钱折腾殆尽，而那一万多元则是他最近迷上麻将之后所欠下的赌债。

老妈一席话，说得我和老公面面相觑。此时，我脑海中蹦出来一位女友人曾说过的一句话：“俗话说，你不理财，财不理你。可是有时，你一理财，另一半却不理你！”

对此，我心存疑虑。不想还未结婚，就为了财权斤斤计较，老公不理你，什么都是空的！

《京华烟云》中的姚木兰可谓是京城第一才女，刚嫁入曾府，就被因大儿子离世打击病倒的曾太太委以重任，将整个家庭财权悉数交给了她。刚“上任”的她，一边操办着平亚的丧事，有条不紊，不慌不乱；一边侍奉公婆，尽心尽力；另外还要应付曾府上下杂七杂八的经济琐事。兰心蕙质的她不负众望，理家治产，有章有法。

可是，她的老公荪亚却对几近完美的她望而却步，认为她应该是女皇，却不是妻子，以至于荪亚另觅芳枝栖息以待。

我认为，令人称道的木兰，在感情层面来说有些可悲。可老妈却认为，掌握财权的木兰，还是凭借自身实力赢得了曾府上下的赏识，并最终成功虏获了荪亚的“芳心”。在老妈心目中，忍辱负重的木兰是成功妻子的典范！

不可否认，老妈对于木兰的评价比我要高。有人说：“女人就是一天的公主，十月的皇后，一辈子的操劳。”

而新婚姻法的实行，让在家辛勤劳苦的女人坐立不安。现在，依据新婚姻法，老公家的房子和女人没有关系。因为老公家的房子基本登记在公婆名下，即使在老公名下也算是婚前财产。一旦离婚，女人们不仅要忍受周边世俗的眼光，还得面临一个极其严峻的现实问题——无家可归！

也许有人会说：“这是缺乏安全感的表现。婚姻需要的是相互信任！”诚然，相互信任是婚姻是基础。然而，客观的现实环境却让女人不得不面对各种潜在的风险。

老公夹在我和老妈之间左右为难，最终决定，如我所愿加入“抢钥匙”这一环节，并承诺到时候不与我相争。

我和老公的婚礼在一片祝福声中如期举行。等到我一直期待的“抢钥匙”环节，老公故意手忙脚乱，假装摔倒，让我得以先他一步，从司仪手中抢到那把象征家庭财权的钥匙！老公和我的财权PK环节以一种几近“完美”的方式落幕。然而，同样已经步入婚姻之殿的姐妹们呢？你们是否掌握了家中的财权？

理财是最环保最高效的御夫术

曾有一句流行语："男人通过征服世界征服女人，女人通过征服男人征服世界！"

于是，女人们纷纷开始研究御"夫"之道。一时间，打着"管好老公，幸福其中"的口号的"御夫网"应运而生，而且异常火爆。不管是有婚姻问题的没婚姻问题的，女人们都喜欢闲来无事就上去逛逛，交流一下"御夫"的心得。

这说明什么？琴瑟和鸣、和谐温暖的婚姻是几乎所有女人的一致追求。

女人到底靠什么征服男人？答案众说纷纭。仅有女人的美貌和贤淑美德就可以吗？

或许你会反驳，人家杨贵妃不就是靠美貌征服了男人吗？

大唐第一美女杨贵妃御夫之术享誉古今，有着"回眸一笑百媚生"的她，"善歌舞，通音律"，对唐玄宗造成足够的杀伤力，让他死心塌地地拜倒在她的石榴裙下。杨贵妃跟随唐玄宗后不久便专宠后宫，使得"六宫粉黛无颜色"，一切待遇也都是皇后级别。她能让贵为皇上的老公往东，他就绝不敢往西，这一句"一骑红尘妃子笑，无人知是荔枝来"更是成为民间广为流传的杨贵妃受宠的千古绝唱。

别忘了，这只是个案！

你能有杨贵妃般沉鱼落雁之貌、闭月羞花之美吗？即使有，22岁的杨贵妃嫁的可也是56岁的唐玄宗。

你或许又会提出反驳：某位女明星表面疯狂无厘头，口无遮拦，可是在御夫之道上却有自己的一道私房菜：会“欺骗”，才会幸福。她思想成熟、遇事睿智，在婚姻面前十分隐忍，懂得退让。虽然老公被曝有暴力倾向，而且经常泡夜店辣妹，但自负幸福的女明星却主动为夫辟谣，以维持稳定的“幸福”。

对此，我只能说，你只是看到表面，或许背后还有故事呢？

女星的一味隐忍，对于让沉溺于夜店的老公心回意转，恐怕效果寥寥。隐忍的结果大多只是更加助长其沉溺于雨露情缘的烈焰，乐不思蜀。拈花惹草的他，假使有一天遇到一个致命的诱惑——红颜知己，没有金钱顾忌的他，也许转身就能和女星分道扬镳。

如此看来，女星应该兵行险招，发动一场财政“兵变”，将老公的财权夺将过来。这样，没有金钱光环照耀的老公，在辣妹眼里和街头落魄的醉鬼没有区别。无人问津之后，他能不回家吗？

邻居胖婶在御夫之术上也有自己的“一绝”。胖婶老公开了一家电器维修部，虽然他喜欢打牌，喝酒，却是有名的“妻管严”。赋闲在家的胖婶曾得意洋洋地向我们吹嘘，“只要他不听话！我就揍得他心服口服为止！”

一番话令我们叹为观止。按理说，尽管胖婶老公比她还矮小半头，左腿有点跛，但他到底是个男人，力气应该比胖婶大，怎么会被她打得手毫无招架之力呢？原来，身经百战的胖婶有自己的“独家武功”。

一次，我有幸瞥到他们打架的场景。开始，胖婶被打得节节败退，正当我替她捏把汗之际，说时迟那时快，只见胖婶“嗖”一下蹿到老公身边，拎起他那不够灵活、微跛的左脚，胖婶老公立马“金鸡独立”，两手乱舞，大举白旗！

如此种种的御夫之道，不知广大女性有几人能够效仿？

诚然，也许，在老公眼中，你有沉鱼落雁般的美貌。可是，你敢不敢承认，那不过是热恋期的盲目爱情视觉罢了。正所谓“美人看久了不美，丑人看久了不丑”，天天朝夕相处，极有可能让你和老公的生活变得平淡无味。

你有宽广的胸襟和自欺欺人的本领吗？即使有，假如你嫁的也是有钱人，身处其中，你才能够体会，物质的生活不一定是自己想要的幸福。

你有胖婶般强壮的身材以及在“武力”上胜过老公的不二法门吗？即使有，估计脑神经紧绷的他几乎时刻准备着逃跑和出轨。一旦有其他女性对他略施温柔，他势必感动得五体投地。被冠名为“母老虎”的你只能是加速推翻婚姻平衡的砝码，将自己的老公推向别人的怀抱！

某日中午，和女同事小憩，大家在聊天之际不自觉谈及“家庭管理”。身处公司中层的女同胞们一致认为：团队管理，公司管理，要从家庭管理开始。正所谓“一屋不扫何以扫天下”？于是，大家纷纷探讨御夫之道。

经过一番唇枪舌战，最后总结下来，大家一致认为“理财”——当之无愧为最绿色环保的御夫术。

杨贵妃虽然集万千宠爱于一身，但最终落得个无可奈何花落去，香消玉殒的结局。其实，胖婶完全没有必要采取粗暴的干涉手段。反正赋闲在家，可以协助老公好好经营电器部，自己充当“会计”，老公负责维修，夫唱妇和的夫妻店绝对让众人艳羡不已。有了老婆的监督，胖婶老公自然也就不敢放肆，最后，说不定还得对老婆的贤惠感激涕零。

由此说来，与其他招数相比，利用钱包来“管理”老公最为环保，既不用像胖婶般大动拳脚，也不像女明星般被丈夫气成“内伤”，更不用像杨玉环费劲力气保持美貌。

家有“管钱妻”，是男人的福气

俗话说：“窈窕淑女，君子好逑。”自古以来，男人总以娶得窈窕淑女为荣，殊不知，娶回一个财商高的“管钱妻”除了经济适用，更是男人的一大宝！

老公并非家中独子，他还有个大他2岁的哥哥。因为年纪相仿，所以，我和嫂子几乎是同时嫁入他家。

结婚伊始，嫂子几乎对婆婆百依百顺。因此，婆婆对嫂子也是赞不绝口，逢人便称“娶回如此儿媳，堪称我大儿福气也！”

而对于大大咧咧、心直口快的我，婆婆却是颇有微词。婆婆不止一次地偷偷向老公面授机宜：“你这老婆绝对需要好好调教，否则还不翻了天？以后有你苦吃！”

婚后，拿到象征家庭财权钥匙的我理所当然地登上了家庭CEO的宝座。上任第一件事就是要求老公把所有的银行卡、存折，现金甭管大票小票、毛票统统上交。可是，结果让人大跌眼镜！所有总资产竟然还未超过千元。之前一直“一人吃饱、全家不饿”的老公，虽然已经工作了3年多，但几乎是月月光，毫无存钱概念。这让我不得不佩服当初老妈要求女人掌管财权的英明决策。

新官上任三把火，为了不负众望，我为我们这个小家制定了一个“三年计划”——攒房子首付钱。每月只用我工资的一半，其余全部定存银行或基金定投。起初花钱大手笔的老公还很不适应，可是当我将自己钱包中比他少得多的零花钱放在他面前时，老公噤声了！男子汉大丈夫岂能轻易言败？

慢慢地，老公也就习惯了节衣缩食的生活。三年后，守得云开见明月，由于行情好，基金涨了一倍多。我们也如愿攒够了首付，住进了新家。这让我们周围的人都大跌眼镜。要知道，在上海这个寸土寸金的地方，房价都是上百万了。

老公哥嫂和我们都是大学毕业，工资收入也都相差无几。可是，这几年，老公哥嫂还是裸婚，一穷二白。原因在于，老公哥哥花钱更厉害，喜欢追逐潮流时尚，酷爱名牌服饰。

性格柔顺的嫂子自是对他千依百顺，掌握家中财政大权的他花钱几乎是无所顾忌。这几年，两口子依旧在外居无定所，已经4岁的儿子则是扔给老家的婆婆抚养，两口子当上了甩手掌柜。

这让婆婆不堪重负，怨声载道。面对几乎性格一致的两个儿子，生活状况却截然不同的事实，婆婆不得不颠覆自己之前的评价，说："这家里有一个会管钱的老婆，绝对是老公的一块宝！"

要当好一个合格的管家婆，不仅每月得为家里水、电、煤气、电话、手机、有线、数字、宝宝补钙、鱼肝油、尿不湿、水果、湿巾……费尽思量，还有银行来回奔波、家中理财、人情往来等，都得让你颇费心思。而此时，我那无比幸福的老公正玩着游戏、看着电影、冲着浪……

众所周知，老实憨厚、表面看着呆头呆脑的郭靖不擅长处理家庭琐事，而伶牙俐齿、聪明绝顶的黄蓉却正好擅长，所以，家里家外的一切大小杂事以及财务问题自然由黄蓉来一手操持。

在处理问题上，黄蓉可谓是郭靖的贤内助。免去了俗事的烦扰，郭靖也可以专心修炼降龙十八掌和九阴真经。后来，郭靖之所以成为武功盖世的大侠，黄蓉功不可没。所以，每当郭靖独自出行遇到困境时，他总是不自觉地叨唠：“要是我的蓉儿在，就好了！”由此可见，黄蓉已经逐渐成为郭靖的左膀右臂，不可或缺的“宝贝”了。

当然，黄蓉是幸运的，至少她遇到能够相濡以沫、视己为珍宝的郭靖，自身的价值得到郭靖的高度肯定。

相较之下，巾帼不让须眉的薛宝钗最终独守空闺实则凄凉。出身商贾之家，薛宝钗的遭遇并不幸福。父亲去世后，哥哥只知花天酒地、吃喝玩乐，是个扶不上墙的阿斗，而薛姨妈则是目不识丁。幸亏薛宝钗财商极高，能够辅佐薛姨妈维持和运转余下的生意。

不仅极具财商，宝钗还眼光长远，信奉白马也需鞭策。她不喜欢宝玉日日贪玩，不求上进，时时谆谆教导却招来后者的反感。如此平和稳重的宝钗配顽劣不羁的宝玉，假如抛却家世，该当是“一朵鲜花插在牛粪上”！最终，她入不得宝玉的“法眼”，这好好的“宝贝”也就逐渐尘封在空闺之中。

和宝钗始终处在争当贾家孙媳妇的PK赛中，只知吟诗作画的黛玉，显然在财商方面略逊一筹。由此，宝钗胜出自然在情理之中。要知道，贾家孙媳妇应该担当贾家未来管家婆的职责，面临的将是错综复杂的油盐酱醋和迎来送往等现实问题和人际关系。爱耍小脾气的“文艺青年”林黛玉肯定无法胜任。

生活中，“不知福”的老公比比皆是。老婆们一味地任劳任怨、埋头苦干，可甩手不管的老公却习惯成自然，对你的功劳熟视无睹不说，反而对你这个管家婆的某些不周之处颇有微词。彼时，咱们大可给自己放几天大假，让家里狠狠乱上几天。面对家中的狼狈不堪，一定要比老公“淡定”，让实在看不过眼的他临时代理几天“家庭财长”，让他体味一下管家婆的百味艰辛。换位体验的结果，一定是他比以前更能理解：家有“管钱妻”是老公一宝！

要做贤内助，不做败家妇

时下有一句流行的育儿经：“男孩要穷养，女孩要富养！”男孩要穷养，不然不懂得奋斗；女孩要富养，否则一块蛋糕就被别人哄走。

为了不让自家的闺女被别人用可怜的“一块蛋糕”哄走，父母们自是从小对自家千金有求必应。

然而，待到女儿出阁年纪之时，要不因为眼高于顶，缘分未至，无奈变成“剩女”；要不攀上高枝，嫁给“富二代”或者“官二代”；然而，更多的则是“飞入寻常百姓家”！

同学高峰长得一表人才，工作收入颇丰，有一位相恋多年，感情甚笃的上海女友李锦，并于两年前修成正果，领证“上车”。然而，婚后不到两年，这对昔日的璧人却以分手告场。

高峰痛苦地说：“我虽然对她仍有感情，但无奈我这座庙太小，实在装不下她这尊‘大佛’！”

据高峰介绍，虽然他自己月收入过万元，但前妻李锦收入一般，一个月只有2000元左右，图个工作清闲罢了。婚前，高峰父母出首付帮他们在浦东世博园附近买了套2居室，他们自己每月按揭3000元左右即可。

按理说，小两口几乎没什么经济压力，这小日子过得应该是除了“美滋滋”还是“美滋滋”才对！可结果却往往不尽如人愿。婚后，来自外地的高峰入乡随俗，像大部分上海好男人那样，将自己的工资卡、现金等所有身家全部上交老婆大人统筹规划。

可是，一向锦衣玉食的李锦却并没能当好她“管家婆”的职责。每天上班，几个上海女同事一扎堆，谈论的最多的就是谁昨天买了LV，今天又买了GUCCI，谁昨天用了Estee Lauder雅诗兰黛，今天又用了Dior迪奥……以谈论奢侈品为乐。

李锦自然亦是不甘示弱，每天听着各式各样的诱惑，看着花花绿绿的杂志，鼠标扫过各种各样名目繁多的论坛，首饰衣服包袋鞋子帽子，这个蜜那个霜，这个精华素那个滋养霜，这个眼霜那个凝露的……

一手掌管家中财权的她，犹如久旱的庄稼遇见甘露，进入商场，大有一副“钱不惊人死不休”的大女子气概。穿着奢侈品引起公司里一片 “啧啧”称赞声。于是愈发不可收拾，逛商场、做美容……李锦血拼得不亦乐乎，她觉得只有这样，才不枉她青春一场。

然而，毕竟他们只是工薪阶层，挥霍无度的李锦很快将高峰婚前多年辛辛苦苦积攒的积蓄挥霍殆尽。眼看每月入不敷出的她并没有就此收手，而是更加变本加厉，她开始瞒着老公高峰不还贷，每月银行催款的还贷通知甚至是法院送来的《限制高消费令》她也都一一藏了起来。

直到一年后，高峰因公务出差坐飞机到机场安检时，被告知为由于违反“限制高消费令”，高峰乘坐飞机被拒，而且随后还被法院执行局的法官带回法院。不明就里的高峰最开始甚至还和机场工作人员大吵了一架。直到法官将他的银行欠费记录呈现在他的面前，获悉真相的他惊呆了。

高峰失去了那次难能可贵的出差机会，在顶头上司辞职，部门领导处于空白期之时，他没能及时与公司大客户联络上，被公司其他同事插上一脚，眼睁睁地看着升迁机会与他失之交臂。

高峰犹如一头暴怒的狮子，抓住李锦胸口的衣服大声质问："还贷的钱呢？我每月交给你的钱都去哪了？"看着李锦战战兢兢地指着桌子上一堆堆的瓶瓶罐罐、衣柜里的花团锦簇，高峰绝望了，他愤愤地关上大门扬长而去。

冷静下来的高峰此时想起了妈妈时常说的一句话："外有赚钱的手，家有聚财的斗，你才能有好的未来！"他在外辛辛苦苦赚钱，可是家中的"败家斗"却聚不了财。他觉得，"李锦或许适合当一个很好的情人，但绝对不适合当一个好妻子！"

高峰和李锦分道扬镳了。正如高峰所料，李锦很快如愿傍上了一位已婚的老男人，岁数比她爸还大，没有名分，但这些李锦都不在乎，因为这位50岁出头的秃顶老头能满足李锦的所有物质需求，这就足够了！

也许你会说李锦败家，甚至是离婚都不能让穷奢极欲的她悬崖勒马。然而，生活中，如李锦这样的女人却并非个案，她们过着超收入的生活，衣服首饰样样追求最好，完全不顾老公钱包，不顾家庭收支平衡。

集美丽和虚荣于一身的章小蕙可谓将败家演绎到了极致，她接连将两个钻石级的男人"败"得负债累累，直至破产。尽管如此，待到42岁"师奶"年纪的她，依旧风情万种，美艳逼人，满身的奢华。

最后，决定移居美国的她留下了一句话："过去的就过去了，我不想带着以前的事情离开，我准备将我所有的剪报全部烧掉。我这个人一直都是穷风流，饿快活。"就是这么一句话，将她败家的过去轻描淡写地一笔带过，留下了两个依旧在经济上苦苦挣扎的颓废哥。

如果说李锦和章小蕙直到现在也未能对自己的败家行为有所悔悟的话，那同事冯筠则是以沉重的代价结束了她的挥霍行为。

冯筠是位80后，一直没有子嗣的父亲60岁老来得女，自然对她是宠爱有加。除了天上的月亮和星星，冯筠其他物质需求均能得到满足。工作后，冯筠每月拿着四五千元的工资，但根本都不够她的日常开销，80多岁的老父亲仍是倾囊相助，唯恐爱女受到丝毫的委屈。

冯筠要买车？老父亲将大部分积蓄拿出给她买了辆POLO！养车费用太高？老父亲把自己的退休工资补贴给她！

冯筠结婚了，老父亲原本以为该松口气了。可是，工薪阶层的老公也养她不起，冯筠是“月头的公主，月底的花子”！没办法，老父亲还得继续贡献残留的光和热！退休工资也不够了，原本衣食无忧的老父亲无奈偷偷上街捡破烂卖钱。

直至高血压病犯，年迈的老父亲花白着头发永远倒在了街头，手上一个空的矿泉水瓶拽得紧紧的，满脸的不舍……

当习惯了老父亲一贯呵护的冯筠看到了令她肝肠寸断的那一幕时，她追悔莫及、嚎啕大哭。直至此时此刻，她才幡然警醒，下定决心痛改前非。安葬完父亲，冯筠将爱车卖了，与以往的灯红酒绿相比，冯筠和丈夫过起了深居简出的生活，她以她自己特殊的方式铭记着那个爱她、疼她的爸爸！

作为家庭“管家婆”的你，掌舵着整个家庭经济之舟，即使聪明绝顶、才高八斗，假如财商不高，不善规划，任性挥霍，即便日进斗金，也会入不敷出、千金散尽，最终上无片瓦下无立锥之地。

相反，假如你一味地缩减支出，恨不能将自己的每一分钱都存起来，如守财奴般视存款金额的日渐增多为乐，漠视家庭的生活质量，也就失去了家庭理财的意义。

在此，我们并不是呼吁每一位“管家婆”都应该深居简出、简朴节约，以消费为耻，以节俭为荣。而是，我们应该量入为出，消费应视家庭财政情况量力而行。既不能过度吝啬，也不能过度挥霍，把握自己消费的度，积极提高自己的财商，你这个“管家婆”才能幸福万年长。

女人金钱独立，人格才能独立

医院妇产科的产房外，焦急的老公探头探脑，时不时地向内打量，见到有人出来一个劲地追问：“怎么样？我老婆生了没有？”“什么？生了？！太好了！生的男孩女孩？”

此时，你会发现，当得知是男孩后，大多数刚升级当爸爸的男人们除了激动，更多了一份压力；当获悉是女孩，爸爸们却又多了一份由衷的喜悦与轻松。

说到底，随着社会的发展，女性地位的渐渐提高，房价的节节攀升，越来越多的人开始感慨：“男孩是建设银行，女孩是招商银行”。

如此一来，女孩生下来就被框在了需要老公花钱“养”着的队列中。从小被“富养”的女孩们，举止高雅，芊芊玉指嫩似葱。“在我家，都是我爸烧饭，我妈洗碗，我只负责吃！”自诩高傲的她们犹如下凡的仙女，根本不沾分毫家务。

假如老公有钱，则是理所当然地当起了老公的“金丝雀”和漂亮的“花瓶”，整天的工作就是SPA、做美甲、打小牌等等。可是随着时光流逝，“花瓶”渐渐蜕为“醋瓶”甚或是“药瓶”，早已审美疲劳的老公来一次釜底抽薪，将你弃如敝履。

此时的你，青春已逝，事业早已尘封，路在何方？当然，更多“宅”在家中的女性为了家庭，为了孩子，而不得不放弃自己辉煌的事业。曾经在职场与老公并驾齐驱的你，与老公距离越来越远。

公司里有位男同事，老婆自怀孕开始就辞去工作，在家相夫教子10多年。初始，孩子尚为年幼，需要操劳的事情多，同事还很享受忙忙碌碌的妻子那无微不至的照顾。可是，自从孩子上学后，除了看电视就是上网的老婆开始无端猜忌，甚至无止境的唠叨。

同事不堪其负，也曾鼓励老婆走出家门上班，让自己充沛的精力得到更好的释放！可此时，一向深居简出的老婆觉得自己和社会早已脱节，根本不愿迈出大门。同事每每谈及此事，满脸的恨铁不成钢和同情之色！真不知拥有如此不对等的地位和思想的婚姻该是何等的危机四伏？

在《绝望的主妇》中，丽奈特也曾为了4个孩子毅然断腕自己的事业，奔赴在家庭的一线。束缚在家庭牢笼的她被家庭琐事整得七荤八素、神经兮兮。当看见老公与自己昔日的情敌同在一家公司上班时，妒忌之火熊熊燃烧着她的神经。终于，在她这位彼时的“家庭主妇”的一手操持下，老公到手的升迁任命鸡飞蛋打——泡汤了。

面对抓狂的老公，丽奈特痛定思痛，重新奔回职场，打造自己的事业！有自己事业的女人才自信，而自信的女人才美丽！

每当自己被工作折磨得几近崩溃时，身心俱疲的我喜欢对着老公无限憧憬：“老公，什么时候你的月薪能够翻番？这样我就可以全身而退，不用上班了！”而彼时，迎接我的必然是老公浇下来的一桶冷水：“想都别想！就算我现在年薪百万，你也还是得上班！女人，要有自己的经济基础！”

女人，要有自己的经济基础！否则离了婚的张柏芝该拿什么来养活自己和抚养孩子？即便张柏芝如传闻所言，榨干了谢家的家产。可是，张柏芝毕竟年轻，只花钱不挣钱，金山银山也有掏空的那一天！好在张柏芝有自己的事业，她还能签新东家，拍新电影，做新的代言，赚更多的片酬和代言费！

小芬怀孕2个月时，因孕期反应巨大，迫于无奈只得辞职在家待产。孕期，老公对她几乎是有求必应！可是，谁曾想？老公对待生完儿子后因奶水不足而早早断奶的小芬态度却来了个一百八十度大转弯。

他对小芬日益抠门，有一次，出门办事回来的小芬饥饿难耐，在经过一家蛋糕店时就用老公的信用卡买了20来块钱的蛋糕。可是，刚进门，就被老公劈头盖脸地骂道：“吃吃吃！你就知道吃！你从怀孕到现在都花了老子多少钱了？你还好意思买蛋糕吃？”一席话说得小芬目瞪口呆，委屈的眼泪裹着奶油流了一地。要知道，小芬已经好几个月都不曾买过一次零食！

倘若小芬仍旧上着班，拿着工资，她老公还敢这么肆无忌惮地指着鼻子骂她？

《老娘舅》里曾有这么一档节目：一位妇女哭哭啼啼地向主持人控诉，老公和儿子、儿媳妇一起做生意，她数十年如一日在家操持家务。面对数次儿媳妇对她“无用论”的指责，愤懑的她现在也想参与其中，管管财务后勤之类的。可是，老公、儿子、儿媳妇异口同声地说：“你会什么？你只管做好你的家务就是了！”

彼时，主持人除了高姿态地指正儿媳，“做家务也是一种贡献”，实在无法指导年逾半百的她该如何掌管家庭的财务，只得眼睁睁地看着她被家庭其他成员孤立。

女人们！在婚姻这个看上去很美的豪宅中，比老公矮半个头的我们，要实现与老公长期平等对话，还需让经济基石将自己垫高，垫平，让老公用平视甚或是仰视的眼光看着你。

假如我们一味地为家庭牺牲自己的事业，长此下去，缺乏经济基础的我们很容易被老公轻视。金钱虽然不是评价一个人价值的唯一标准，但却是很重要的标准。当老公成为家庭的唯一经济支撑时，很容易滋生家里离了他就很难转的思想，女人的地位不想可知。

女人，没有自己的经济基础。老公找“小三”也就更多了几分有恃无恐。离了他，经济无着无落的你，也就更加多了几分顾忌！

练就火眼金睛，御底曝光老公工资卡里的“小猫腻”

第三章

正所谓“上有政策，下有对策”，在老婆们的财政统领下，老公们往往狡兔三窟，常常偷梁换柱、瞒天过海、暗渡陈仓……彼时，就需要老婆们充分运用你的火眼金睛，识别老公工资卡里花样百出的“猫腻”。

AA制婚姻，中“听”不中“用”

改革开放的浪潮席卷着中国经济冲出国门，不断前行。与此同时，它也席卷着国人的思想不断西化，有人不断感慨“外国的月亮终究要比中国的圆”，而更多的人开始郑重其事地将西方人的节日——诸如“情人节”、“愚人节”、“平安夜”和“圣诞节”等列入自己的头等大事。

也许这些早已是平常事。只是，假如某一天，当你找到的另一半，郑重其事地对你说：“我们虽然已经结婚，但还是要划清楚河边界，你的就是你的，我的就是我的！咱们一定要将AA制婚姻进行到底！”不知，此刻的你，该作何感想？

AA制早在西方概念大举蔓延中国的时候，一并吹入中国的大街小巷。奉行了几千年礼尚往来传统的中国人，在AA制的引领下，终于可以不用再像以往一样为了面子问题虚耗人情，为了请上一次客花光一个月的生活费。

同事聚餐，说上一句“一起去，AA”，受邀的人心安理得地欣然前往。反正是吃自己的，又不欠人情，还能沟通感情。何乐而不为呢？

如果说和外人实行AA制，在金钱上划分清楚，少一些纠葛和人情，会让你安枕无忧的话，那当你的枕边人也要和你实行AA制，不知道你仍是一夜无梦抑或是夜不能寐？

同学顾阳结婚后，也赶了把时髦，和老公周巍实行AA制婚姻。房子首付AA，双方父母各出一半；装修婚房，AA分摊；吃饭AA、逛街AA、应酬AA、柴米油盐AA、家务AA……AA制充斥着他们婚姻生活的每一个角落。

起初顾阳不无得意地对我说：“我自挣自花，不花老公一分钱，不用老公半点力气，不占他丝毫的便宜！我就是传说中的，新时代自强自立的新女性！我们的爱是世界上最纯洁无私的爱！”

看着一厢情愿的顾阳满脸的天真无邪，我只得无奈地感慨：“真是不是一家人，不进一家门！”这要换做我和我老公那是万万行不通的。早在我和老公谈恋爱之初，老姐就再三面授机宜：“看一个男人是否真心对你好，首先就要看他是否愿意为你和家人慷慨解囊！”

我铭记在心，而老公也确实不负所望，愿意为我花钱。在他看来，为自己心爱的女人花钱，他才能体会到自己努力赚钱的价值所在。

然而，这些最传统的夫妻相处之道都被顾阳嗤之以鼻，她认为这实在太老土了，“你们夫妻俩真的是‘OUT’了！”

可是，没多久，随着顾阳妈和弟弟的一次上海之行，相比于之前的坚定，顾阳开始对自己的AA制婚姻有所动摇了。

按说丈母娘携小舅子千里迢迢驾到，作为女婿周巍应该热情万分才对。可是，事实却恰恰相反。早在他们来之前，周巍就对着兴奋不已的顾阳说：“这次你娘家来人，按咱们的AA制惯例应该是你的事，不论金钱还是家务！但我本着对你的一颗红心，我决定舍命陪君子！豁上‘自己的’时间、交通费、景区门票费和餐费，外加赠送妈和弟弟一人一份礼物，你看如何？”

周巍谈到出外游玩的花销时，特意将“自己的”几个字说得很重、很慢，这也就意味着，丈母娘和小舅子来，基本花销他都不管，只负责他自己这位陪同者的花销。虽然已经AA制了一年多，顾阳在自己身上倒也习惯了。但是，自己的妈妈和弟弟来，老公生怕她会占便宜似的，早早跟她撇得一清二楚，这让她心里有点不快。不过AA制是她自己提出来的，她也只能是哑巴吃黄莲——有苦说不出。

可是，之后形势的发展却远远超乎她的想象。顾阳妈和弟弟来的头几天大家倒还相安无事，玩得很开心。可到第四天时，他们逛商场时，周巍表示要为丈母娘和小舅子买份礼物送给他们。

丈母娘体谅年轻人，原本不想买，但禁不住女儿的再三劝说，最后买了双200块左右的鞋子，这在周巍的预算之内，他倒也还表现得慈眉善目。可是，轮到刚满20岁的小舅子挑衣服时，他却对于姐夫替他挑的衣服百般不满，觉得衣服太次，穿到学校丢人。因为他看中的是一套价值1000多元的韩版休闲套装。

小舅子是家中独子，而且又最小，因此，从小顾阳和妈妈对他百般呵护，从不让他受一丁点儿委屈。见他对那套衣服情有独钟，顾阳和妈妈也觉得他穿得好看，因此，他们三人一致决定，就是这套了。可是，负责结账的周巍不干，1000元远远超出他的预算金额，如果要买，顾阳就得自己支付超预算的800元费用。这让顾阳心里极为不爽！但顾忌到妈妈和弟弟在场，她没有发作，只是阴沉着脸叮嘱周巍，让他先行支付，而后再算账。

一路上，顾阳憋了一肚子的火，一到家小两口马上关起门来闷声吵架。顾阳指责周巍对自己娘家人小气，可是周巍却反驳道：“我俩是AA制，我陪吃陪喝陪玩还陪礼物，还想怎样？”这一切，被正好路过房门口的顾阳妈悉数纳入耳中。她彻底被雷倒了！

原本计划再待几天的顾阳妈和弟弟第二天就回老家了。临走前，顾阳妈板着脸对顾阳说：“俗话说‘嫁汉嫁汉，穿衣吃饭’！你倒好！弄个AA制出来，敢情你和他结婚还跟小孩过家家似的，非得分出个你我来？这还是一家人吗？”

“如果非得分出个你我来也可以，那你回去后告诉周巍，以后生了孩子，不许姓周！只许姓顾！如果非要跟着他姓周，也行！拿20万元冠名费来！还有，怀孕生产费、住院补贴、生育津贴……你让他都给我一项一项的算出来！对了，他爸妈老了你也不用赡养，你也可以不闻不问！我和你爸也不指望他养！另外，既然你俩AA制，那你自然不知道周巍的钱的流向？那他要是养个‘小三’什么的，岂不是连瞒天过海的事也省了？你别以为你现在好像挺高尚的，以后可别哭得找不着北！”

顾阳妈扔下这些话，头也不回地走了！留下一脸沮丧、满心疲惫的顾阳。

直到此时，顾阳才清晰地意识到，原本以为实行AA制婚姻，可以让她和老公少一点“快意恩仇”，少一点经济纠葛，能让他们的爱情超尘脱俗，摆脱金钱的烦恼。但现在看来，事实全然不是那么回事。

妈妈说得对，AA制实在是个伤感情的词儿。结婚并不是小孩子过家家，结婚不仅仅是两个人的结合，更是两个家庭的大融合，它背负了太多的道义和责任，这背后错综复杂的关系让你根本无法分得清你我。在家庭这个特殊领域，你没法对待自己的爱人像对待外人一样用AA制来简单地以示“互不相欠”！

家庭原本就是一笔糊涂账，夫妻原本也就应该相互扶持！这种扶持，不仅是精神上的，更是经济上的。试想：假如顾阳生个病什么的，周巍天天嘴里喊着“宝贝，我爱你”，但另一方面却摆出一副公事公办的姿态，对顾阳说：“宝贝，医院催住院费呢，快把银行卡给我，我去缴费！”

婚姻AA制真的只是听上去很美，但个中滋味，是酸是甜，是苦是辣，也许自己方能体会！金钱，在很多家庭里都是矛盾的火药桶。人的一生，不可能永远都是高峰，而没有低谷。当其中一方遭遇怀孕、失业甚至是生病等，收入锐减，双方收入差距拉大，如果依旧实行AA，将导致双方实际生活质量差距的拉大，长此以往，弱势一方必定会心理失衡，导致家庭内部出现矛盾。

而当两人共同结晶——孩子的降生，涉及到孩子的花费，则很难划分得清清楚楚。如果父母实行AA制，在经济上划分得清清楚楚，则对孩子的成长很不利。

工资卡、福利卡、分红卡、你究竟有几张卡

随着社会的快速发展，不知不觉中，占据我们钱包的主角，不再是纸币，取而代之的是越来越多的卡：银行卡、信用卡、积分卡、购物卡、公交卡、加油卡、健身卡、美容卡……我们已然身处“卡世纪”。

自然，在这凡事讲求效率的年代，公司出纳也不用在每月的发薪水之日，汗流浃背地忙碌着用现金打发每一位排队领薪的同事。现在，她们只需在电脑前点点鼠标，公司账上的钱自然而然就“飞”进每位员工银行账户内。

听参加工作多年的季大姐说，想当初，公司刚实行工资卡取代现金发薪时，办公室里哀鸿遍野，颓废的男同事们倒掉一大片。私下里纷纷哀怨：“惨了！惨了！得赶紧想个招应付老婆大人，就说集体涨工资啦！否则我的‘小金库’不仅要面临断粮的危机，还有遭受灭顶之灾的可能！”

诚然，工资卡为人们的金融安全提供了强有力的保证。然而，对于部分男人而言，这却很容易让他们的“小金库”曝光于老婆的眼皮底下。

可是，看似稍胜一筹的老婆们可千万别得意得太早。正所谓，上有政策，下有对策。老公们能束手就擒、坐以待毙吗？

哀怨过后的老公们突然发现，工资卡并非收入的唯一渠道。毕竟老板也是男人嘛，既然大家同为男人，那自然也就会适时地体谅下男同胞们的艰辛和不易！什么奖金啦、分红啦、福利费啦、过年过节费啦……老板们大笔一挥：能发现金的尽量发现金，不能发现金的，让出纳帮全体同志们再去银行开张卡。

如此一来，老公们做梦都躲在被子里偷笑：“真是山穷水尽疑无路，柳暗花明又一村！什么叫道高一尺，魔高一丈？！”

所以，姐妹们，可千万不要自我感觉良好地沉溺在自己的一厢情愿中！

大学同学鲁力毕业后靠着“他爹是某某”的关系顺风顺水地进入一家国企上班，几年后，更是靠着“老爹”如愿当上了国企市场部经理的宝座。

一次，大学同学聚会，谈及家庭理财，掌管老公工资。彼时，鲁力经理半开玩笑地指着我们说：“你们这些女人啊！不是我打击你们！要知道，如果一个男人心甘情愿地将自己工资卡不遗余力地上交，说明工资卡上的那点儿银子对他来说已经毫不具备吸引力。因为他肯定有其他的渠道获取足够的资金。对这种男人，你们尤其不能麻痹大意、思想放松！小心阴沟里翻船！”

一席话，说得我们在场的几位女同学从头凉到脚！

不过鲁力的话倒让我想起我以前工作的一家公司的老总贺明来。我刚进公司，就听一些女同事私下里八卦介绍，贺总40岁不到就已登上事业部老总的宝座，绝对属于年轻有为型。贺总和妻子是大学同学，俩人相敬如宾、恩爱无比。贺总对妻子很好，不仅爱干家务，而且工资卡都统统交给老婆掌管，属于典型的新好男人！这让几位未婚女同事羡慕得一塌糊涂！

然而，随着对贺总了解的增多，作为贺总秘书的我，却感觉全然不是那么回事！原来，贺总虽然将工资卡交由老婆保管，平常出差大多也用信用卡。但是，每逢公司发放奖金和福利，甚或是报销，贺总都会不动声色地让我给财务发邮件，把钱打入他的另一个银行卡内，或者直接帮他领取现金。每次领完现金，贺总都会将钱直接锁入他在办公室的保险柜里。直觉告诉我：这些钱贺总妻子肯定不知情！

而事实也很快证实了我的判断！一次，我因工作繁忙留在公司加班，正好贺总也在，其他同事都下班回家了。也不知道何时，忙得两眼昏花的我突然听到有人进来，一看是位打扮入时的摩登女郎站在我面前！她一边用那几乎可以杀死我的眼神瞪着我，一边用那娇滴滴的声音说道："请问贺总在吗？"我还没来得及回答她，贺总早已气急败坏地冲出门来将她拽了进去。

犹豫不决的我正踌躇着是否要端茶进去之时，无意中瞥见摩登女竟然直接坐在贺总大腿上，脸带不悦的贺总并没有拒绝，只是对她一阵低吼，还从他的保险柜中抽出一沓钱扔在那个女孩面前！我一看，头皮一阵阵发麻，心里暗暗叫苦：自己竟无意中戳破了贺总的绝密隐私！

当然，并非每个女人都会像贺总妻子一样不幸。

不过，在如今这个经济开放的社会，不论老公收入的多寡，但只拥有一张工资卡的人是越来越少了。老公们的收入越来越五花八门，做生意、开公司的自不必说，估计忙于对老婆掩饰的他们到最后自己都不知道到底有多少张卡！就连我家务农年近50的姨夫，都能在农闲时节借口上街闲逛，实则偷开黑"摩的"以赚外快充实自己的小金库。更何况是公司上班的白领们呢?

闺蜜青儿的老公在证券公司上班，工资卡都由青儿保管。一次周末两口子在家津津有味地看中央电视台的《交换空间》。两口子一边看，一边谈论交换的乐趣。激动之余，青儿老公把自己压箱底的宝贝跟变戏法似的全给亮出来，福利卡、奖金卡、分红卡……

青儿脸色一下变青了：原来你还背着我藏着这么多的小金库呢？据青儿描述：最后她揪着老公耳朵绕着客厅和卧室走了一大圈，他老公才大声求饶，乖乖地把所有的小金库交给了青儿！

青儿是幸运的，至少她毫不费周章地掏出了老公的老底。但大多数依旧蒙在鼓里的姐妹们，你们知道自己老公到底有多少收入？到底有多少张工资卡？

其实只要你能对老公的工作多一份了解和关心，根据老公的工作职位和性质加以分析，比如老公是财务和技术类，其职位收入则相对较为单一和稳定；而如果老公是销售或管理层，那么收入的渠道则相对多一些。

发动一切力量，动员一切积极因素，平常注意与老公同事关系的建立和维护，适时交流，及时侧面了解到老公单位的绩效考核情况和福利政策。平时多关注老公手机的短信提示，偶尔施展你的温柔计！

银行卡也有山寨货，一招辨别真伪

山寨手机、山寨笔记本、山寨数码相机、山寨苹果……山寨化已经成为山寨厂家们出奇制胜的法宝。只是，当你捶胸顿足地控诉和咒骂着自己“被山寨”时，你可曾想过，与你同行同坐、同息同止的老公竟也会心怀鬼胎？你可曾想过，你那收入单一的老公竟也会阳奉阴违、偷梁换柱，拿一个山寨版的工资卡来忽悠你？

如果你不信，那你真的是“OUT”了！因为同事任妮就曾被她老公胡东“山寨”了一把！

任妮和老公胡东是大学同学，相恋多年的他俩毕业后留在同一座城市，修成正果。

胡东是山东人，父母在老家开了个小厂，效益不错。所以，从小家境丰裕的胡东几乎从来没为“钱”发过愁。可是当初大学毕业时，胡东因为违抗父命没有迎娶父母已经相中的“富二代”小姐，而选择留在上海。父母伤透了心，断绝了对他的一切经济援助。胡东开始了艰难的“上漂”生活。好在胡东还算争气，毕业后在一家上市公司找到了一份市场策划的工作，每月薪水四五千。第一次领到薪水，兴奋的胡东哼着小曲，拎着小酒，踩着小碎步晃回家中。一进门就抱着任妮激动地说：“离了苏联老大哥，俺们新中国照样大踏步前行！解放区的天，啊，蓝呀蓝盈盈！”

胡东这番话主要是说给满怀愧疚的任妮听的，她心里清楚，心存感激的她也在加倍努力不让胡东多受委屈。因此，任妮从来不管胡东要一分钱家用，尽管如此，习惯大手大脚的胡东赚的钱也就只够他一个人花而已。

可是，婚后没多久，任妮怀孕了，眼瞅着肚子一天天变大，可是胡东还是外甥打灯笼——照旧，任妮心里很着急。她知道胡东自己也很想攒点钱，可是一年换三四部手机、热衷买苹果等电子产品和各种名牌服饰的胡东，觉得自己实在不知道该从哪里省出钱来。

这让因怀孕收入锐减的任妮担忧得睡不着觉。她试探着跟胡东商量，把工资卡交由任妮来管。胡东傻眼了，可是看着老婆挺着个大肚子，满脸的焦急和无奈，他也满怀愧疚。过了几天，胡东交给了任妮一张银行卡。任妮很开心，照单全收的她当即给了老公2000元，她毕竟还是心疼老公，怕老公缺钱花。

只是，任妮做梦也想不到自己手中的那张卡竟然会是“山寨”版的。她不知道的是，早在大学时，严厉的父亲为了惩治胡东胡乱花钱的恶习，常常在他已经断粮的情况下过半个月再给他汇钱，以此逼他自己自力更生，体会赚钱的艰辛和不易。可是，彼时只顾花前月下的胡东哪有时间外出打工？

于是，胡东上演了一出现代版的“狸猫换太子”。他到同一家银行另外开了张卡，常常提前一个月造成赤字的假象，以此博取母亲大人的同情。这样，他不仅不用遭受无钱可花的痛苦，还能坐享双收之利！

只是后来因为那个原本计划嫁给他的“富二代”小姐是母亲大人闺蜜的女儿，无法交待的母亲也断绝了对他的援助。曾利用山寨卡尝到甜头的胡东在老婆要求交卡之际，脑中一下闪出利用山寨工资卡蒙混过关，给老婆一个山寨卡，每月工资和奖金谎称公司考核截留20%自用。

正所谓，纸包不住火，夜路走多了，总有碰见鬼的那一天！自以为天衣无缝的胡东一年后东窗事发，他的“山寨记”被老婆任妮揭穿了。

说来也巧！任妮有一个高中同学叫谭晓，和胡东在同一家公司工作。只是任妮自高考后就和谭晓没联系了。直到在一次高中同学聚会中相遇了。

聊天中，任妮抱怨老公的公司经常克扣员工的工资！谭晓听后目瞪口呆，而后斩钉截铁地予以否认，因为她在公司就是负责人事工作的。谭晓甚至戏谑着说：“你老公不会是偷藏私房钱了吧？”

任妮想不明白老公工资卡在自己手里，而且每个月都有进账，怎么凭空少了？事情总有蛛丝马迹可循。忽然，任妮想到一点，每次电话银行查账时，电话那头机械式的女声报完金额后，最后说的都是“现金存入”或“转账存入”，而不是“工资”！待胡东回到家，任妮一改以往的温柔，板着脸追问胡东。胡东只好老实地交代了。

获悉真相的任妮哭笑不得。她告诫胡东应肩负起自己身为一家之主的重担！自古花钱就该量入为出！她义正言辞地指出胡东的大吃大喝的行为明显与家庭经济状况“背道而驰”。她也体谅胡东为她做出的牺牲，但这不能作为胡东随意乱花钱的挡箭牌。

胡东咧着嘴笑了，他交出了自己的正版工资卡。

管理老公钱包是一项斗智斗勇的工程，是夫妻双方智慧的博弈。当“山寨工资卡”不可避免地出现在你的生活中时，我们完全可以将其视为生活中的调味品。我们要做的，只是将其“真面目”揭开！

其实，老公“山寨”制胜的法宝也就在于一个“奇”字。点破了，也不过是一只死的“纸老虎”罢了，不足以为惧！而要防止老公山寨，我们只需记下老公的银行工资卡的卡号，留意卡内钱款的来源动向，尤其不能忽略到账金额的种类区别——到底是“工资进账”？还是“转账存入”？是“报销”？还是“其他”……如果是“工资进账”和“报销”，那么里面没有猫腻，因为只有公司账户操作才能出现如是提示。而如果是“转账存入”或“现金存入”，则需多加个心眼，防止“盗版”和“山寨”。

当然，我们还要适时关注老公发放的工资条，双管齐下，加以核对。这样，他的收入就难逃你的手掌心了！

网上银行、电话银行、通通告诉我密码

在婚姻这所殿堂里，当最初的卿卿我我、花前月下的甜蜜和激情渐渐在生活

中逝去，爱情的电波逐渐减弱，两口子自然而然地携手迈步进入“磨合期”，顺理成章地暴露出他们的真性情。他们常常会为了谁做饭、谁洗碗，谁拖地、谁擦桌，诸如此类芝麻蒜皮的小事而吵得天翻地覆。互不让步的目的无非就是争夺家庭的主动权。

然而，在争夺家庭财权这一敏感而又特殊的问题上，你绝对不能用野蛮的武力威胁他。因为老公毕竟是你相濡以沫、白头偕老的对象，你要运用智慧的脑袋，三思而后行，智取生辰纲。

不过，正所谓“林子大了，什么鸟都有”！当我们挥舞着“女性掌财”的大旗一举进发时，总会碰到些“软硬不吃”的钉子户。

古语曰：“忍一时风平浪静，退一步海阔天空！”当遇到为了守卫自己钱包贫贱不移、威武不屈的老公时，我们大可不必固执胁迫，不妨顺水推舟做个人情，索性顺了他的意，让他自己掌管。这样既避免了夫妻反目的结局，还能体现你的大度和善解人意。

只是，此时，并不是让你彻底地当个“甩手掌柜”，否则，我们岂不是白费了这半天口舌？当年，大慈大悲的观世音菩萨将孙悟空从山底救出，让他护送唐僧不远万里到西天取经，也要弄副“紧箍咒”，也未彻底放之任之。

事实上，网上银行、电话银行，这些看似平常的东西却能成为我们控制老公钱包的两大法宝！

在这方面，邻居李姐绝对称得上是个高手。李姐老公王哥是个典型的北方男人，不仅长得粗犷，而且性格豁达爽直、嫉恶如仇。所以，当李姐让他交出工资卡时，王哥自是怒目圆睁，扔下一句“没门”。

刚开始，李姐颇为无奈。曾不止一次地向我们感慨：“你说我当初怎么就看上他？工资卡从来不让我管！这女人啊，真是容易被爱情蒙蔽双眼，智商为零！”

李姐郁闷地说：“我对自己老公的财务状况基本是一无所知！”然而，没多久，李姐迈着悠悠的步子来了，她不无得意地对我们说：“他老老实实地把工资卡交给我了，哈哈！”

原来，某天晚上，忘记交电费的李姐突然想起那天是电费缴纳的截止日，急得团团转。她不无埋怨地对正在上网的老公说：“你看，我天天为了这个家忙前忙后，着急得都长出了白头发！你倒是舒服，吃完饭一抹嘴巴就玩电脑。你看看，电费单明天就过期了，到时候要到几十公里外的缴费站去缴费！”

王哥被她唠叨得有些烦，不屑一顾地说：“这还不简单？今天是截止日是吧？我用网上银行帮你交！一分钟就搞定。”

李姐假装生气地对老公说：“你有网银早就该告诉我了！害得我天天为了这些水电煤、宽带、电话和有线等费用跑断了腿，累弯了腰！”

此言一出，王哥很是心疼。他豁达地说道：“卡号我给你，登录密码和交易密码，分别是你和儿子的生日！”

就这样，李姐不动声色地夺取了老公的网银。有了网银，她不仅可以足不出户缴纳各种家庭费用，还能时刻掌握老公各项金钱的流入和流出。她还暗暗为老公做了一个现金日记账单，当支出金额过大时，她则旁敲侧击地提醒下老公。这样既给老公留了脸面，又能做到对老公的财务了如指掌。

我们不得不佩服李姐的计谋和胆略。此时，坐我旁边的张姐忍不住了，她悄悄地对我们说：“其实除了网上银行，通过电话银行也能掌控老公的财务！”

作为旁听者的我，则是被她们的聪明谋略和过人智慧所折服。为了管好老公的钱包，女人可谓煞费苦心。

充分利用网上银行和电话银行等现代化的银行工具，不得不说是一个新时代主妇必备的制胜法宝！

与网上银行相比，电话银行则更为简便易行得多。只要为老公的银行卡开通电话银行服务，设置一个密码，就能随时随地了解老公的资金动态走向。

网上银行、电话银行，让管家婆们犹如长了千里眼和顺风耳，也为老公的钱包戴上了一副紧箍咒，行为出格时也能发挥紧急的制约作用。

严防灰色收入，做老公的“防腐剂”

电视剧《蜗居》里有这么一个场景：已经掌握可靠证据的纪检干部找到宋太太，语重心长地提出，作为一个干部家庭出身的子女，本应具备较高思想觉悟的她却并未对老公宋思明起到警醒作用，使其在腐败的道路上越走越远，令人极其心痛。

虽然，宋太太没有掌握老公全部的钱包，但毕竟还是掌握了家庭部分收入，而这些收入大部分是“灰色”的。令人遗憾的是，她并没有阻止老公深陷泥潭，反倒利用放高利贷等方式积极帮助其隐匿资产。

古语曰：“养不教，父之过！”年幼的我们不谙世事，容易误入歧途，自然需要父母多加教导。然则，当婚姻的钟声响起，昔日的恋人将彼此的双手交付给对方时，父母对子女的教导重担，已然转移至男女双方的肩膀上。

正所谓“君子爱财取之以道”。作为管家婆的我们，不能一味地追求物质，以金钱的多寡作为家庭幸福的衡量准则。在管理老公钱包，梳理老公收入的过程中，一定要严防灰色收入，当好家庭的“纪检书记”，做老公枕边的“防腐剂”。须知：只有妻贤，夫才祸少！

或许，你现在正在享受着短暂的荣华富贵，接受众人极尽艳羡的目光。可是，自鸣得意的你也千万不要被利欲蒙蔽了双眼。

记得小时候，父母常说：“喝凉酒，花脏钱，月子里头坐炕沿！迟早是病，都会找上来的！”这世上没有不透风的墙，真相总有被拆穿的那天！等到东窗事发，罪恶的苦果不仅会让你老公吃不了兜着走，你亦难辞其咎，同样得接受法律的审判。

综观当代落马的贪官污吏，我们不难发现，这些贪官的身后，几乎没有一个合格的“贤内助”，一般都属于妻不贤子不孝的悲催类型。

原湖南衡阳市交通局局长邹大华因贪污受贿锒铛入狱，在受贿路上，其妻何肖秀不仅未加以规劝，甚至主动索取贿赂。

原山东省供销社党组书记、主任娇智仁在山东是位人尽皆知的大贪官。当他在犯罪之路尚未走远时，也曾想过悬崖勒马。可当他向老婆提出不要再受贿时，老婆不仅没有就坡下驴，反倒摆出一副见多识广的态势，鼓励老公不要畏惧，勇往直前！于是，结局正如娇智仁所料，大无畏的老婆将他送进了监狱！娇智仁说：“我戴的手铐，有我的一半，也有我妻子的一半！”如此“贪内助”堪称家门不幸！

如果说官场上层出不穷的贪污“落马事件”能让一些官夫人们有所收敛，积极吹好“反腐风”。那对于就职于非政府部门的老公来说，也切勿掉以轻心，莫以为贪点小便宜是小Case，大不了被老板炒鱿鱼，跳槽就是！

《蜗居》中的苏淳，整日被老婆海萍念叨，某日心生一计，偷偷帮其他公司做设计赚外快。当他将厚厚的一叠钞票甩在海萍面前时，他从未想过自己竟然犯了“泄露商业机密罪”！假如不是宋思明出面，说不定，他即使倾家荡产也难以逃脱牢狱之灾的“杯具”。

相较之下，好友万馨则是女中诸葛。在她的及时力劝下，老公方元不仅与“官司”擦肩而过，而且还当上部门经理。

方元在公司采购部门上班，谁都知道那是一个极其考验人“钱欲”的肥差。可是，他有一个出生在法律世家且本身也从事法律工作的老婆万馨。万馨从小就见过太多因“贪念”而没得善终的案例。所以，她一再警告方元，“人穷志不穷！切莫因为一点小利而让自己后半生不踏实！俗话说的好，‘不做亏心事，半夜不怕鬼敲门’！”方元在老婆的一再监督下，从未越雷池一步。

可是，常在河边走，怎能不湿鞋？前一阵，他们公司接了一个大项目，需要采购一大批的钢材。采购部几个同事内心激动不已，因为他们知道“大采购就意味着高回扣”！

方元一贯两袖清风的作风，让部门经理谭林如鲠在喉。

谭林暗暗向关系较好的供应商授意，让他给方元送上一千元的购物卡。供应商照办了，一向自持的方元这次没能抵抗住诱惑。他心想，反正这个项目内定了是他们，我拿不拿钱也影响不了事态的发展！

方元怕老婆知道，偷偷将购物卡藏在了家里一个闲置的笔筒内。

万馨第二天收拾房子，竟然将购物卡找了出来。她立即把方元从被子里揪了出来，质问卡的来源！面对老婆的逼问，深知老婆脾气的方元知道自己已经败露，只得乖乖地招了。

万馨暴跳如雷，立即让方元当着她的面打电话把卡给退了。不久，方元他们采购的那批钢材出事了，正在建设的厂房竟然倒塌了！所幸工人们跑得快，没有出现伤亡事故！事后，经调查组确认，原因出在那批钢材的质量上，质量不合格！

听到这个消息，方元出了一身冷汗！连声感慨道："还是老婆英明！小利确实是不可图！"

出了事，自然要追查根源。认栽的供应商将方元公司里相关受贿的人员全都给供了出来。方元也被供应商提及，供应商对调查组的人说："方元是茅坑里的石头——又臭又硬，软硬不吃！"

自此，方元在行业内声名大噪。要知道，采购部门的首要准则就是——清廉！于是，陆续有好几家公司向方元伸出了橄榄枝，聘用他为采购经理，以整顿公司采购不正之风。经过多番考察，结合老婆的意见，方元最后跳槽到一家500强企业，不论是薪水还是职位，都实现了跨越式的发展。

认识方元的人都说："方元你运气真好！"方元常常笑着回答："那都是我老婆的功劳！没有她严格掌管我的钱袋子，说不定我也是满身难缠的官司了！"

男人要做到公正廉明，严于律已，老婆的监督绝不能少。正所谓"近朱者赤近墨者黑"，当老公在诱惑面前犹豫不决时，身为管家婆的我们，自己要以身作则，端正态度，加强对老公的思想政治教育，不耍小聪明。

好女人都是称职的“管家婆”

女人们，要想让自己对老公钱包的管理水平达到登峰造极的地步，就必须借助财务软件这一专业理财工具，对老公钱包进行全方位、多角度的专业管理。

知己知彼，扫清财务上的“死角”

“死角”是最容易让人忽略的地方。生活中，到处充满了“死角”。国家层面，有反腐“死角”、扫黄“死角”、抓捕“死角”……个人层面，有卫生“死角”，走路有视觉“盲区”，管理老公钱包，自然也少不了财务上的“死角”！

冬天到了，寒风瑟瑟，当我们从柜子底层取出暖和的棉袄时，无意中从棉袄的口袋里取出几张百元大钞，相信不少人都有过这样的经历！

有时，你还会在口袋里翻出一些过期的购物卡、月饼券、服装券甚或是过期的价值百万的彩票呢？此时，你是抓狂般懊恼，还是被这从天而降的弃奖砸晕，抑或是捶胸顿足？

要知道，财务“死角”是无处不在的。而男人惯有的粗枝大叶的毛病，更是容易让“财务死角”多处发芽。这就需要心细如发的我们多加留意，慧眼识“财”，让“死角”无处遁形，藏无可藏。

与其他男人相比，老公比较细心。天阴了，他会提醒我出门带伞；天凉了，他会提醒我加衣；感冒了，他会提醒我吃药……即便如此，他还是会将零钱落在衣兜里。

有几次，在洗衣服时，几张百元大钞被洗烂了，于是我下定决心一定要扫清老公财务上的“死角”。

我将家里所有的衣物都翻了出来，重新整理了一遍。

我翻出前年春节老公公司发的购物卡、去年中秋老公公司发的月饼券，赶在过期的前一周花了出去。而肯德基的优惠券则是赶在月末过期前，送给了常去肯德基就餐的老外同事，也算是做了个顺水人情，不至于白白扔掉。

早些年，公公婆婆做过七八年早点生意，零钱多得自然是数不胜数。婆婆曾抱着一堆零钱去银行兑大钞，可由于银行业务繁忙，未果！没兑成钱的婆婆心里郁闷，随手将钱扔进衣柜。

直至我们结婚，更换婚床时才发现床底下几大罐的零钱。

我和老公将这几大罐零钱带回了上海新家。一次偶然的机会，我上网搜查分币的回收价格，这不查不知道，一查还真是吓一跳。

这看似普通的分币可是大有学问，各个年代的分币，回收价格少则一两块，多则上千元。我赶紧把被女儿折磨得死去活来的瓦罐子找出来。一一核对，竟也找到了2枚“硬币天王”。而光这两枚硬币天王的市值就已达到1350元和1400元了，再加上另外几枚价值百元左右的，粗略一算，竟也值3000多元了！

为此，老公直摇头感慨：“看来这‘财务死角’还真是不容掉以轻心啊！”

确实，“财务死角”影响可大可小，大到巨额彩票，小到几块钱的月饼券。但姐妹们，咱居家过日子能经得起几次“财务死角”的折腾？本人综合自身和周边亲朋好友的“血泪史”，特将一些容易为大家所忽略的家庭财务死角予以总结，希望管家婆们能予以参考，引以为戒：

1. 拥有有效期限的中奖彩票、购物卡、月饼券；

2. 身价日渐高企、弃于角落的分角纸币、邮票等；

3. 被洗衣机绞碎的人民币、欧元、美钞等；

4. 未及时注销的“睡眠银行卡”；

5. 有时间期限的肯德基、麦当劳、商场等地的消费优惠券；

6. 有时间期限、可用来兑换奖品，甚至是航空里程的信用卡积分；

7. 出差、旅游网络预订的积分和点评奖金等……

做好预算，做家庭首席财务官

古语曰："凡事预则立，不预则废！"现如今，谁都知道凡事谋定后胜算更大，计划和预算已经渗透到人们生活的各个角落。一个公司要得到长久发展势必得提前预算、计算成本。同样，家庭的预算也很重要。

然而，现实生活中，一些自恃聪明的老婆们一旦身居其职，掌握了财政生杀大权的她们往往以"节俭"和"克扣"为宗旨，使得老公在经济上束手束脚，结果常常是过犹不及，得不偿失。

同事小俞是典型的上海好男人，他对老婆的"好"享誉全公司。他兢兢业业，勤勤勉勉，家里的财政大权也是悉数归于老婆旗下。按理说，小俞这样的家庭模式应该是相当的幸福美满才对。可是，小俞在同事们眼里却是一个非常值得同情的人。

为什么大家同情小俞呢？原因就是抓住财权的小俞老婆对他的财政预算可谓是相当苛刻。交通卡：老婆每个月提前充好200元，正好够每月上下班的车费；午餐费：200元，紧巴巴够吃；手机费：老婆充好；每月零花钱：100元。这就是小俞每月的全部家当。小俞有时提出抗议，都被老婆大人一眼瞪了回去。

也许有人会说，咱们现在说的不就是要管好老公钱包，做好预算，做老公合格的"成本会计"吗？小俞老婆可算是老婆的典范！假如你这么想，那可大错特错！小俞老婆的管钱方式只能算是管“住”，绝非是管“好”！

要知道，公司为了追求效益最大化，聘用一个合格的成本会计进行成本预算，不仅有生产成本，更有销售成本、研发成本、人员工资和福利等各方面成本。一个合格的成本会计绝不只是一味地把成本降至最低，而让各方面成本比例严重失调。

比如，只一味压缩生产成本，推崇销售。这样，生产出来的产品，因生产成本过低，质量不过硬，难以销售出去。同样，如果一味地降低人员工资和福利，跳槽率高，这其中的隐性损失亦是难以估量。

理财亦是同样的道理，老婆在为老公进行预算时，不仅要考虑到他的吃穿住用行这些最基本的消费需求，还要考虑到他的人际支出、学习充电等支出。

假如，一味地压缩他的人际支出，甚至像小俞老婆，将他的人际支出预算为“0”，当同事AA聚餐沟通感情时，大家结伴前往，唯独老公因为钱包憔悴，每次都缺席。长此下去，“优秀员工”、“上升空间”自然都会因为人缘差而被PK掉。

当然，这绝不意味着，老婆就应该放宽对老公人际支出的管理，听之任之，因为这显然与我们管好老公钱包，预算支出的宗旨背道而驰。要知道，吃喝玩乐，广结人缘可是男人们的最爱！这可是个“无底洞”！

邻居汪洁的老公赵峰原本在一家私营企业里做技术员，每个月工资5000多元。他为人爽直，好面子，喜欢结交各路好友，和朋友聚餐是生活常态。为此，汪洁家每月需要花3000多元为他的这项人际支出买单，而这占了家庭将近一半的收入。这让汪洁苦不堪言，她也不少埋怨，可赵峰理直气壮地指责汪洁：“这女人家，就是头发长见识短！朋友多了路好走，我这是给我的事业铺路！”汪洁无从反驳，心里也就默认了老公的所作所为！

此后，没多久，正如赵峰所言，一位朋友为他的事业带来了一线转机。朋友在一家颇有名气的外资公司任经理，赵峰几次向朋友透露跳槽的意愿，朋友记在心间。最近朋友公司正好缺人，赵峰自然而然跳槽过去，月薪20000元，翻了两番！这让赵峰如沐春风，他得意洋洋地对老婆汪洁说：“你看！种瓜得瓜种豆得豆！”

然而，赵峰没得意多久。很快，他发现自己根本胜任不了这个职位！因为他的英语水平根本适应不了公司的语言环境。英语邮件、英语电话、英语会议，甚至电脑界面都是全英文的，这让连英语三级都没过的赵峰无所适从！

其实，跳槽前朋友曾认真地问过他的英语水平，他吹牛！心想，有朋友帮忙，英语水平烂点也不成问题！可现在看来，即使有朋友罩着，也不能替他当全职翻译啊！这样，没多久，力不从心的赵峰主动打了退堂鼓，找了个借口灰溜溜地辞职了！

赵峰在人际关系上注入了太多的心血和金钱，甚至不惜牺牲自己家庭的生活质量，然而，却终究是竹篮打水一场空！

有人说：“在当今社会，学历是铜牌，能力是银牌，人脉是金牌！”人脉固然重要，但且不论这种功利性的结交效果如何，可单就让家人跟着吃苦受累这点而言，赵峰就已本末倒置！更何况，他从未想过在自己的知识储备上花一分钱。

赵峰将所有的预算放在了人脉上，却忽略了能力的重要性。

小俞和赵峰在家庭财政预算上走了两个极端，而俩人的妻子在这方面均有欠缺，算不上一个合格的“成本会计”。可见，要当好一个合格的成本会计，我们不仅要根据自身的实际需求预算各方面的消费支出，量入为出，更要把握好度。

而要成为一个优秀的“成本会计”，管家婆们首先要对老公的每一项投资行为进行全面的了解和分析，熟悉投入与产出。

此外，还得确定正确的成本核算方法，统计数据要准确、真实和及时，这是成本核算的基本条件。要由始至终地对老公每一项投资行为数据进行跟踪，防止瞒报、漏报和谎报，只有这样，才能达到预期的核算效果，否则，失真的成本核算很容易偏离正确的航道。

另外，我们还应积极不断地更新自己的知识，提高自己的素养。在对老公钱包进行成本核算的过程中，还需不断地与时俱进，添加新的成本元素，如：环保成本、健康成本和家庭效益成本等。

列清单，勤记账，做公正出纳员

公司年会上，出纳小杨在舞台上一展歌喉。观众席下，一片“粉丝”齐声高喊：“财神奶奶！财神奶奶！”同事们的善意起哄将年会气氛推向了高潮。

一曲歌罢，小杨不好意思地说：“财神奶奶不敢当！不过是个过路的财神罢了！请大家以后多多支持我的工作！”同事们哄堂大笑，有人冲上去喊上一句：“那就请过路财神以后多多关照！给我们早点报销！”这是大家的心声！出纳是财务部最简单的岗位，但也是财务部的第一道“关卡”，他担负着单位会计核算的基础工作。出纳需要负责办理现金收付、公司现金、票据、有价证券的保管以及报销等工作。出纳在一定程度上掌管了报销的发放时间，在公司财务制度不够严密的情况下，出纳完全可以在报销时间上厚此薄彼，让你有苦说不出，投诉无门！

而在家庭这个单元里，掌管老公钱包的老婆自然要肩负家庭“出纳”这一职责。其实，无论是公司出纳还是家庭出纳，如果不按常理出牌，过分自恃地拿着鸡毛当令箭，最终只能是引起公愤，成为众矢之的！

说到这，就不得不提我的朋友冯君！

冯君和老公刘年都是公司金领，小两口收入不菲，拥有人人艳羡的“三子”——房子、车子、孩子。两口子天天同进同出，男主外女主内，过着堪称“神仙眷侣”般的生活。

然而，掌管老公钱袋子的冯君却有个缺点：偏向娘家人！对自己父母是有求必应，对公公婆婆却有失公允。过年时，冯君给自己父母最少1万元。可是，对于公婆，她要么“忘记”；要么就找借口婉拒；要不就敷衍了事，说好给5000元，但私底下却只给了1000元打发了事！老公刘年对她的行为屡次提出抗议，可无奈钱在老婆手里，不想多生事端的老公也就选择忍气吞声，睁一只眼闭一只眼！

然而，这看似平静的日子在冯君婆婆因高血压生病住院后给打乱了！冯君婆婆因高血压发作昏厥，所幸就医及时，闯过了鬼门关，但还需要住院治疗！虚惊一场的刘年在此时，才深刻地体会到了“子欲养而亲不待”的痛苦，他庆幸老天给了他补偿的机会！

所以，待老妈病情稳定后，刘年对妻子冯君说：“你去取10000块钱，给咱爸，让他去交后续的住院费！”

冯君不吭声，隔了半晌，说道：“取10000块吗？住院费哪要花那么多？”

刘年心里不悦，但他忍住性子道：“咱妈还要养身体！”

冯君继续找借口：“可我卡上没那么多钱！”

刘年强忍道：“我不是前天刚发了20000多元的奖金吗？你从我的卡里取好了！”

冯君不愿意，继续叨叨：“那你哥哥姐姐给了没有？我觉得咱爸应该还有钱吧？！”

连日来因为母亲的病而担惊受怕的刘年，此时再也控制不住自己的情绪，彻底爆发了，他大声吼道：“冯君！到现在你还说这种话！你还当我妈是妈吗？我受够了！我的卡拿来！从今天开始，咱俩各自为政！你爱过不过！”说完，刘年从冯君手中抢走了自己的卡，扬长而去！

至此，原本幸福美满的一家，因为冯君这位家庭“出纳”的偏私，留下了一道裂痕！掌管家庭财权的出纳们，切莫以为自己就是老大，你还得遵从“公平、公正、公开”这最基本的职业操守！否则，德不配位的你何以家天下？要知道“水能载舟亦能覆舟”！

将心比心，自己的父母年迈需要孝顺，难道老公的父母就不是自己的父母吗？

当然，除了公正，细致、耐心也是合格家庭出纳的另一基本要求。因为出纳工作毕竟是比较繁琐的，支票、现金、银行流水、现金日记账和银行日记账是最基本的工作，保证日清月结更是首要目标！而在这点上，我可敬可爱的老妈就给我做了个表率！年过花甲的老爸，性格大大咧咧，但却为人正直。当别人想找个人合伙开砖厂时，自然而然第一个想到了曾在砖厂干过几年的老爸。

禁不住朋友的一再恳求，已经退休的老爸不顾老妈的劝阻，毅然下定决心投身打造自己的“夕阳事业”！

合伙人只负责出资，把砖厂一些杂七杂八的事情交给老爸处理，这其中自然包括采购。说实话，老爸大大咧咧的性格与采购这一职位要求实在相去甚远。但合伙人看中了老爸“不贪”的人品，一定要委以重任。于是，老爸跑县城、走工厂、赴建材、赶砖厂……几乎每天都得和钱打交道。

这可让老妈操碎了心。与老爸同床共枕30多年。她压根不放心老爸的管钱方式！这也是当初她反对老爸与人合伙办厂的理由之一！

拗不过倔强的老爸，掌管家庭财权的老妈又不能涉及老爸砖厂的账目。老妈忿忿不平地对老爸说：“我看你还管采购呢，到时候别说赚钱，十有八九要把你那点退休工资都得垫进去！”不过，老妈是刀子嘴豆腐心，说归说，但她还是暗暗给老爸记了笔流水账，每天早上确认老爸的现金数额，晚上回来再将他的发票和现金碰头，每日清算，可谓是用心良苦。

功夫不负有心人，老妈的坚持记账，还真的为老爸挽回了不少损失！

一次，表妹结婚，老妈上小姨家住了两天。回来后，老妈的第一件事情就是为老爸记账，可是，无论如何核对，总是有800元的缺口。老妈百思不得其解，问老爸，一问三不知！

最后，老妈在废旧报纸里找到了购买设备的发票！

激动不已的老妈将发票拍在老爸面前，老爸摸着脑袋，想了半天，突然说，“对了！我前天是买了这个设备！买完直接交给小王！我竟都给忘了！还是老婆大人厉害！”

原来，奶奶在收拾屋子时，无意中捡到了这张发票，目不识丁的她未加考虑就将发票扔进了废纸篓里！所幸老妈及时记账，否则，真的要如老妈所说，白贴力气，白贴钱了！

只要迈过公正和细心这两道坎，那你离优秀的“出纳员”并不远！

所谓“公正”，也就意味着，作为家庭的内当家——做事必须恪守职业道德，不偏不颇，不徇私舞弊，公正廉明。在赡养老人等各项家庭支出方面，必须双方父母一碗水端平，切勿心存私心，否则，会影响夫妻感情。

而“细心”则为家庭优秀“出纳员”的必备条件。管家婆们必须时刻保持清醒的头脑，每天做好现金的盘存工作。“好记性不如烂笔头”，收到老公的现金要及时入“库”，不得“坐支”，记好每天的现金日记账。在处理老公的金钱问题上要做到——既快且准！

厘收支，再也不做月光族

《红楼梦》中事如乱麻的贾府每日涉及到金钱往来的事项纷繁复杂，诸如府内穷奢极欲的生活，外面皇亲国戚的贺吊应酬，亲朋故旧的婚丧嫁娶，喜庆寿宴，侯门府第的送往迎来，繁文缛节等。如此庞杂冗乱的金钱事项得亏有王熙凤来过问、决断，否则只能是如宁国府般杂乱无章。

然而，正所谓“万变不离其宗”。但凡与金钱涉及到关系的活动最终无非就是两个字——“收”和“支”。专业的财务用语叫“借”和“贷”。相较于荣国府那两三百号人，现如今员工人数几百上千的企业俯拾皆是。然则，越是大型规范的企业，越是必定会将“收”和“支”细化，“AR”（Account Receivable应收会计）和“AP”（Account Payable应付会计）也就成为财务部门不可或缺的重要岗位。

否则，事事都需贵为总经理，至少是财务总监的王熙凤来躬亲，岂非是大材小用得紧了？！况且，谁也没有三头六臂，再强的人也会分身乏术。假如王熙凤能将荣国府的财务状况分出“收”和“支”两条线，制定相关的财务制度。这样一来，诸如迎来送往、婚丧嫁娶，皆可由下面按照财务制度予以执行操作。省时又省力！可是，凡事好强的王熙凤选择了一肩挑，这严重透支了她的体力和脑力。

有人认为，老公的财务实在混乱。除去做生意的先不提，就是普通的工薪阶层每年往来款项都足以令人眼花缭乱。比如亲戚、朋友、同事、同学之间的礼尚往来，工资、奖金、高温补贴、服装费等，房贷、汽油费、手机费、烟钱酒钱等。

要做好这些财务，你得遵从“AR”和“AP”这两条财务线，方可事半功倍。

记得小时候，每次家里大举宴席，曲终人散之后，老妈的第一件事就是将所有红包一一登记在册。我很是不解，老妈耐心地解释：“别人送我们的钱，我们一定要分类记清楚，以后别人家办红白喜事，我们再依照别人送我们办红白喜事的礼钱，酌情加点送出去！否则，时间长了，如何能分得清？”

那时还年幼，尽管老妈解释得很清楚，但我仍是一知半解。直至嫁给了老公，我才深知这其中一收一支的学问。

结婚时，老公请了一堆的同学朋友来参加婚礼，红包自然也收了不少。可是，由于忙于应酬，收完礼金的他也只是胡乱地拆开随便看上一眼。起初，他还能记得张三送了500元，李四送了1000元。可是时间长了，他也开始渐渐淡忘了。

等到张三和李四结婚时，他颠三倒四地弄错了，给张三送了1200元，给李四送了600元。直至老公的哥们王五事后跑来提醒老公给李四送少了，他才隐隐约约有点印象，可终究于事无补。

老公未能将自己的收支情况罗列清晰，以至于出现这样丢人的事件。当然，他最后英明地决定聘任我为他的“AR”和“AP”。

新官上任三把火。上任伊始，我就从网上下载了一个免费的家庭理财软件，对老公的各项收支情况分门别类地进行处理，不仅将现金、银行存款、支付宝、信用卡、股票投资、基金投资、借入的钱和借出的钱设为单独的管理项，还对应收款、预收款、应付款、预付款进行了详细的罗列。这样，我只需要根据软件的提示，将自己所“收”和所“支”对号入座地填进去，软件就会自动生成报告，犹如一位体贴细心的小秘书。

在我的帮助下，对自己的收支一目了然的老公，不仅在人情交际方面能够挥洒自如，还能对家庭决策和预算起到一个积极的推进作用。

“买房子”在我们老家还有一个别具深意的名字叫做——“拔房子”！人们总是感慨，即使不买房，这日子从指尖偷偷溜走，人们依旧感觉自己手上的钱离买房还很遥远。可一旦等到“软需”变成极度地“刚需”，走投无路的人们又总能想方设法地将自己藏身于各个角落的资产全部“拔”将出来，成功地积聚买房所需的资本。于是，“拔房子”成为众多人们的心声。

不过，我相信有过这种切身经历的人不在少数。其实，说到底，人们“拔”出来的不过是每个家庭的全部资产而已。只是，忙碌的人们平常都忽略了将自己的“资产”进行盘点，或者说盘点得不够细致。只是到了无路可走时才会将这一“收入”全盘地施展开来，透过买房了解清楚自己的资产罢了。

可见，“AR”，在一个家庭中的地位至关紧要，而掌管着老公钱包的老婆们对此自然是义不容辞。

而“AP”作为“AR”的孪生姐妹，犹如家庭的左右手，在家庭中的作用亦是举足轻重。

老公的信用卡到期要还，银行贷款要还，手机没钱要充，水电煤气费要交，人情往来要还……这生活中的点点滴滴都需要一一列支、处理。

一旦错过付款期限，银行、移动、联通、电信、自来水厂、燃气公司、供电所以及亲朋好友等皆有可能不是给你脸色看，就是按天收取千分之几的滞纳金，要不然就是停机、断水断电断煤气。再不然，就是将你的不良信用计入你的信用档案，赫然在目的“铁证”足以让你在今后吃上N个哑巴亏。

韦静老公是销售，紧握老公钱包的韦静为了不让老公乱花钱，通常只给老公一张信用卡再加少量的现金，这样一来，韦静老公几乎所有的支付项目都需经她手。韦静自然也就成了老公的专职“AP”。按理说，大学毕业赋闲在家的韦静担此重任应该是绰绰有余。可韦静偏偏是个好玩的主，喜欢拖拖拉拉，丢三落四。

比如，家里的水电煤单子常常需要等到交滞纳金时，她才气喘吁吁地赶到营业厅把费用交齐。因此产生了不少的滞纳金，花了不少的冤枉钱。

有一次韦静老公外派到新加坡出差，信用卡刷了5万多。等到了还款日，韦静却将这事抛之脑后。直至收到银行寄来缴款通知，赫然在目的900多元逾期利息让韦静胸闷不已！

其实，我也曾向韦静提出过用家庭财务软件进行合理收支理财的建议，可是她对此不以为然，觉得我太小家子气。直至多次碰壁后，才跑来向我诉苦。

她看到财务软件上除了有列清收支这项功能，竟然还有预收和预付的计划和提醒，这让她不禁眼前一亮。

她不无懊恼地对我说：“真后悔当初没听你的！”

姐妹们，家庭“收”、“支”看似简单，但“柴米油盐酱醋茶、水电煤气、吃穿住用行等，其中的学问亦是不少。

从网上下载一个免费的家庭财务软件，则可以将所有的家庭收支进行系统的登记和统计。家里的房子、家电、电脑和其他大宗物品，基金、银行卡、现金、信用卡等都可以录入软件，家庭财务情况可以在软件中一目了然。收到信用卡账单，则可以及时地录入到软件中去，而对于大家头疼的给同事结婚、生孩子等送出去和接收的礼金都可以一一进行登记。

我们可以将每周一固定为家庭日常应收和应付的统计日，通过查看家庭财务软件上的情况，关注应收款所占家庭财务比例以及应收款的轻重缓急，若比例失调严重，应收款甚至超过现有资金的50%以上，则要对老公采取相应措施，通过口头警告、减少零用等措施，想方设法将应收款收回，谨防呆坏账。

而作为“AP”，则应留意应付款的最后截止日期，争取准确、及时地支付，不拖账、不赖账，减少不必要的费用。

定期总结，让老公的资产配置最优化

如果仅仅只是当好老公的出纳、成本会计、AP和AR，任劳任怨的你兢兢业业地工作，为家庭奉献自己的心血，也许只能是让安逸的老公越来越心安理得地享受这现有的果实。

这种固定化的模式很容易让他忽略甚至是漠视你的价值。所以，妻子既要做丈夫的左膀右臂，更要做老公的枕边谋士，出谋划策的“女诸葛”。我们不仅要帮老公将琐碎、基础的财务问题处理好，还要定期总结和思考，做好老公的“财务总监”。

白姐和老公都是本地人，在超市当收银员的她月收入1500元，老公则在一家公司当保安队队长，月收入将近4000元，工作都很稳定。按理说，这样的收入，对于没有任何房产压力的他们，日子应该过得很滋润。

可事实恰恰相反。白姐老公不知什么时候开始变得嗜酒好烟，每个月的烟酒钱高达2000元。如此一来，每个月仅存的3500元除了要承担柴米油盐酱醋茶、水电煤气、吃穿住用行，还要支付女儿的学费和生活费等，生活捉襟见肘。白姐曾抗议多次，均碰壁。“我就这么点爱好！你还要说三道四？”白姐老公忿忿不平地给她顶了回去。

白姐见硬的不行，只好来“软”的。身为家中“大管家”的她开始坚持每天记账，将家里的收支情况一笔笔罗列清楚。半年后，白姐将自己花费半年心血的账目郑重地呈现在老公面前。

她恳切地对老公说：“你看！咱家这半年来，收入少支出多，其中烟酒钱就占了35%的比例。孩子的学费和生活费自然是不能省，我只能从咱俩的吃、穿、用和出行方面节省了！”

和白姐同床共枕10来年的老公岂能不了解白姐的心意？老婆半年来，吃饭的时候总是吃剩菜，鱼和肉都留给他和女儿。衣服几乎没买，偶尔买上一两件，也都是十几块钱的地摊货。以前上班还坐公交，现在为了省钱，天天骑着家里那辆破自行车……

为了自己的“这点爱好”，老婆受尽了委屈和艰辛，他内心的悔恨与纠结不可言喻。他当即向老婆表态，从明天开始戒烟限酒，不过要求老婆给他一个月的过渡期！白姐喜极而泣，她半年来的心血总算没有付诸东流。

聪明的白姐为老公做了半年的“AP”和“AR”，最后一跃升级为“财务总监”，这种合情合理的攻心战，让老公不得不大举白旗，缩减不当开支。

如果说白姐这位“财务总监”在“节流”上做得相当出色，那相比之下，小姨这位家庭“财务总监”则在“开源”上颇有建树。

有着高中文凭的小姨负责财务，小姨夫负责小店经营，经过几年的细心打理，小姨夫的电焊生意越做越大！

直至有一年，小姨将几年来记下的家庭账目拿出来研究，无意中发现了一个规律：5年来，上门电焊维修铁器农具的收入呈逐年下降的趋势，由最开始的每年2万元下降到18000元，最终下降到当年的11000元。而上门焊制铁窗的却呈逐年上涨的态势，由最开始的1单生意800多元到次年的2单生意1800多元，直至当年的5单生意6000多元。

由于这一升一降，每年总体的家庭收入并没有明显的差别，而且小姨夫也常常忙着应付店里的生意，根本无暇顾及账目。所以，自然也未能发现这一规律。

最后小姨得出一个结论：随着机械化的推广，传统的铁器农具维修需求必定会逐年下降，而这项维修耗时耗力不说，且利润还低。况且，随着人们生活水平的日益提高，农村要求加装防盗门和防盗窗，将自己房屋建得更为漂亮、更为安全的需求与日俱增。

听了小姨的分析，小姨夫当即决定按照小姨的思路进行业务改良，在不摒弃传统维修农具业务的基础上，从外地大胆引进了一批防盗门和防盗窗，经营了镇上第一家门窗店，并且在半年内挣了大一笔钱。

眼见小姨夫的事业蒸蒸日上，小姨夫发自肺腑地对小姨说：“老婆，我的事业，有我的一半，也有你的一半！”

我们也不禁感慨：“管理老公钱包容易，但要管好老公钱包，当一个合格的‘财务总监’，女人需要有广阔的视角和长远的眼光！正所谓，‘小钱包大智慧’！”

这让我不禁想起了小白兔和小灰兔的故事。同样面对山羊爷爷一大车白菜的馈赠，小灰兔选择了悉数收下，而小白兔却另辟蹊径，要求山羊爷爷给它一包种子。小灰兔坐吃山空，而小白兔却有着吃不完的白菜。

打理老公的钱包也一样，要善于发现老公钱包的“金钱”种子。守着老公钱包里的钱固步自封，或许能让家庭生活迈出一小步！然而，要想让家庭生活迈出一大步，就必须积极寻找财务的“种子”，让老公的钱包变得更厚。

此外，要做好家庭“财务总监”，还需对家庭整体财务情况提前做好规划，掌握家庭资金的变动情况，控制大头开支、每月控制消费额度、合理配置投资比例。对于老公的一些不当大额支出，要给予“一票否决”。而对于一些正常的大额需求，则需要根据家庭的整体经济情况，提前规划。譬如老公有购置小汽车的计划，则应根据家庭财务状况将其分解到一年或者两年甚至更长，然后固定每月存储相应的存款，给老公的买车计划列一个财务规划。

把好投资关，当好老公的“风控专员”

俗话说“高风险意味着高回报”！然而，一次理性的投资，缺不了一个合理的“风险预警和控制”，更缺不了一个合格的“风控专员”！刘邦打江山，他尚且未一意孤行，三顾茅庐请出一代军师诸葛亮为其估量每一次的风险和对策。更何况家庭理财呢?

老公的投资成功与否却在很大程度上决定着全家老小的幸福生活指数，其重要性亦是可想而知。即使老公身价过百万，如果不懂得节流开源，不遵循谨慎投资，缺乏风险管理，一旦投资失利，很可能面临倾家荡产的风险。

所以，老婆适当地给老公提个醒，如果不管不问，一味顺从，则有百害而无一利。

投资，原本就是几家欢喜几家愁，然而，帮助老公尽量规避重大风险，却是老婆义不容辞的责任。

2007年3月，中国的大牛市继续如火如荼地演绎着，伴随着股票的高歌猛进，同学王怡的老公张鸣也终于按捺不住，将自己手中的2万块钱投进去。没想到，张鸣的股票每天快速往上涨！短短两周，2万块一路涨到了28000元。这让王怡和张鸣欣喜若狂!

尝到甜头的张鸣将手中计划买婚房的首付款20万全部投入股市，并对王怡说：“赌一把！瞧这阵势，没多久，咱的婚房就不用贷款了！”

王怡心里有点惴惴不安，道：“这可都是父母的血汗钱！”

张鸣不以为然地说：“要赌就赌把大的！豁出去了！”

面对老公做出的高风险决策，王怡选择了默认！显然，她也被喜悦冲昏了头脑！却忽略了：炒股一定要用闲散资金！炒股不是赌博。当时的大盘已经到了极度癫狂的阶段，随时都有崩盘的危险。张鸣却将全部身家投了进去，最后给家庭经济构成了很大的威胁。

股市仍在上演最后的疯狂，张鸣和王怡梦想中的房子也在由一室一厅很快变成两室一厅，甚至向三室一厅大踏步地迈进。然而，他们依旧没能见好就收，也没能意识到风险的存在！膨胀的气球终于禁不住疯狂的吹鼓，“530”暴风骤雨般劈头盖脸地砸向了每个疯狂的股民，股市经历了地狱般的扫荡，“530”残酷地戳破了股民们的美梦。

最后，22万已深陷泥潭，牢牢套进了股市的泥藻中，想出来，必须割断双腿。张鸣终究不舍！只好一直套牢至今！到现在，房价早已翻了倍！婚房更是遥遥无期！这让张鸣郁闷不已！

王怡在关键时刻没能为老公把好关，当好老公的“风控专员”，以至于俩人的婚房至今毫无着落，22万的现金只剩下了10万的面值。当然，老婆充当老公的“风控专员”并不是一味地限制老公的投资行为。墨守陈规反对老公做一切与风险相关的投资行为亦是极为不可取。

已过不惑之年的姑父高中毕业，在那个年代算是饱读诗书，有学问的人。可是至今姑父和姑姑两口子仍是在家守着自己的一亩三分地！

其实，姑父脑子很活络。改革开放之初，当同村的一些敢于吃螃蟹的年青人纷纷到沿海城市闯荡时，姑父也曾跃跃欲试，想去异地打拼，一展身手。可从未出过远门的姑姑却一万个不同意。无奈，姑父只得掩埋自己的激情和才华。

后来，镇里幼儿园改革，取消学校办理资格，改由个人申请办理。有高中文凭的姑父托人去打听，对方表示，由于目前几乎没人申请，姑父的竞争对手为零。正当兴冲冲的姑父准备大施拳脚，筹办幼儿园时，此事却被姑姑再一次一票否决，“生源问题你想过没有？即便这不是问题，安全问题又如何解决？小孩子磕磕碰碰的，你一个人能管得过来吗？”

姑父的“幼儿园梦”再一次地被姑姑的“风险因素”给无情地击碎。

其实，王怡和姑姑都不算是一个合格的“风控专员”，前者对风险因素考虑过低，而后者则是考虑得过于周密。

我们作为老公投资的第一道风险防线，当老公提出投资时，我们势必要先调查核实，包括财务状况、融资需求、行业特性、技术创新、政策扶持等，方可对风险进行评估。但作为老公的“风控专员”，我们只是起一个建议性的风险提示，而非掌握决策权。

当老公决定放手一搏时，作为“风控专员”，我们唯一要做的，就是提前做好风险防范措施，并时刻跟踪项目进展，定期评估项目的科学性和适用性，做好老公投资的保后工作。唯有如此，才能将老公的投资理财的风险降到最低。

玩转老公信用卡、享受无忧卡式生活

在这信用卡满天飞的年代，“喜刷刷”的结果就是老公钱包“瘪塌塌”。女人们，管理老公钱包还应查缺补漏，千万不能大意失荆州，遗忘信用卡这一花钱“帮凶”。

信用卡是男人挥霍的“帮凶”

电视剧《大女当嫁》，34岁的熟女姜大雁与24岁的张耀阳牵手参加朋友的生日Party时，她忽然发现自己的消费观已变得相当 “老土”了！因为她无法理解张耀阳的AA制，更无法理解张耀阳靠“信用”过日子的生活方式。

年轻的张耀阳虽然拽着微薄的工资，但却过着逍遥快活的生活，他每天的生活主题就是想方设法没日没夜地疯玩！他从不为钱担忧，他的制胜法宝在于他钱包里的N张信用卡，利用信用卡过着拆东墙补西墙的日子。这显然与早已过而立之年的姜大雁追求稳定的婚姻家庭生活相去甚远。

随着事情的逐步发展，最后，张耀阳身为“富二代”的真相终于大白于天下。现实生活中，像张耀阳怀揣几张信用卡，走遍天下的人却大有人在。

也许这样的消费方式对于一些年轻人实在是不足为奇，但对于承载家庭经济脊梁的已婚男人而言，实在是大忌。

只是，手中现金不多的他们，在信用卡的“壮胆”下，常常无法控制自己的消费欲望。可以说，信用卡成为了他们大肆挥霍的“帮凶”！

朋友陶然的老公是一家公司的销售，由于经常出差，考虑到出门携带现金的不便，也为了避免老公乱花钱，陶然只给老公两张信用卡和一小部分现金。自以为聪明的陶然曾不止一次地在我们面前吹嘘，“我老公的一切支出尽在我的掌握之中！”

可是，事情的发展却远远超乎陶然的想象。陶然老公的信用卡账单金额越来越大，刚开始，陶然老公告诉她这些都是公事花销。可是等看到公司报销单后，陶然发现报销与信用卡账单的差距越来越大，报销款不够清偿信用卡账单的情况几乎成了家常便饭。

陶然怀疑老公拿着钱在外面“逛窑子”。其实，陶然老公如果真是去“逛窑子”，她可以在刷卡记录里找到一些蛛丝马迹，但是，陶然老公的信用卡刷卡记录很“干净”。

可陶然还是愤慨不已，甚至提出了离婚！

这让陶然老公意识到问题的严重性。他对陶然说：“出差花钱的地方实在太多，确实很难想起来！”他虽然不能保证自己没有乱花钱，但绝对能保证自己没有做过对不起家庭的事，以前带着现金出门，每次花钱有种肉痛的感觉，花钱时自然会掂量着点，可是，相比之下，信用卡就不一样了！结账时，只要刷一下信用卡就OK了，小小的一张卡片让付钱变得太容易，而且额度都很高，他也就越花越多，如流水一般，最终导致入不敷出。

老公的一番话令陶然想起了一位科学家所说的一句话：“信用卡的本质是让你的大脑对花钱麻木。”她原以为少带现金可以少花钱，没想到信用卡却更是老公花钱的“帮凶”！所幸，陶然老公的“信用卡门”事件并没有给他们的家庭生活带来巨大的影响，毕竟他们两口子的收入都很高。而且，幡然悔悟的他也最终踩住了急刹车，所以也并没有在信用卡这个诱惑消费的陷阱里陷得太深。可是，相较之下，同事裴琳可就没那么幸运了。

裴琳的老公吴海波是家里的独子，在外人眼里看来还有点“孩子气”的他对金钱概念淡薄，花钱大手大脚，财商不高！虽然明知吴海波的这一缺点，但裴琳依旧被他的幽默和睿智所吸引，义无反顾地嫁给了他！

婚后，裴琳管住了老公的钱包，他们要安置一个自己的小安乐窝，而要是依着吴海波随意乱花，却不知道要到猴年马月才能办成。裴琳对老公“约法三章”：第一，不许乱花钱；第二，不许乱花钱；第三，还是不许乱花钱。裴琳每个月给老公1200块钱零花钱，老公既不抽烟又不喝酒，除去公交和午餐300块，也还能有900块钱的盈余，偶尔聚聚餐按理也足够了。裴琳如是想。实在不行，还有信用卡可以应应急。

让裴琳没想到的是，正是这张小小的信用卡埋下了祸端。吴海波表面答应老婆要节约消费，但实际上，他并没能控制住自已挥霍的步伐，1200块常常不到半个月就用完了。沉迷网游的他，每个月光买游戏装备就得花1500元钱，而这些他都是瞒着老婆的。现金不够？那就刷信用卡吧！

如此一来，吴海波每个月都有将近2000元的亏空。信用卡到期没钱还，他就跑到公司出纳处拍马屁，自已的报销款用现金领取，补上信用卡的欠款。然后再用信用卡取现。

就这样，拆东墙补西墙，信用卡亏空越来越大。而且有时候公司报销并不能像吴海波所预料的那般及时，所以，无钱可还的吴海波有过好几次逾期还款的记录。而随着漏洞的越来越大，吴海波渐渐力不从心，信用卡还款也是越拖越久。他最终被银行列入了“黑名单”！

而这边，裴琳却是省吃俭用，存款也逐渐增多，她又从双方父母那里拉了笔不菲的赞助，按揭是绰绰有余了。裴琳选中了一套一室一厅的房子，总价100万，首付30万，另外70万按揭。可当她将贷款的资料提上去后，却得到了一个令她瞠目结舌的答复——客户风险较大，银行不予放贷。

裴琳百思不得其解。她一再追问银行工作人员，到底哪里出了问题？最后银行告知她，是她老公吴海波的信用卡已经多次欠费，至今仍有账目未清，在银行留下了不良的信用记录。这让裴琳怒火冲天，她的购房大计算是彻底泡汤了！

裴琳无限懊恼地埋怨自己，怎么就忽略了信用卡了呢？之前她也曾问过老公信用卡的使用情况，一直被告知“使用正常，无需操心”！她也就信了！可是，自己万万没有料想到，这个信用卡却成了老公阳奉阴违的“帮凶”，助长了老公一而再再而三的不当消费！

为此，裴琳叮嘱我们这帮姐妹们：管好老公钱包，一定不要遗漏了信用卡这张薄薄的卡！刷卡的轻松常常掩蔽了现金流失的疼痛感，而为了让老公铭记这个疼痛，我们可一定要掌握老公信用卡的消费情况，将老公每个月的信用卡账单呈现在他的面前，以揭示他浑然不觉的痛感神经。同时，还应定期总结，指出老公信用卡中的不当消费，以纠正其以后信用卡的消费方向。

共用主附卡，老公的消费随时掌握

信用卡虽然是老公花钱的“帮凶”，冲动消费的“魔鬼”，然而，处在信用卡的高消费时代，谁手里没一张信用卡？

信用卡虽然是魔鬼，但是它的魅力却也是势不可挡的！我们不能就此一棍子打翻一整条船！毕竟，用信用卡相较于现金而言，还是更具备掌控力的，优势也是显而易见的。只要我们能够掌握足够巧妙的办法，就能让信用卡这只顽劣的风筝循规蹈矩，不会一门心思只想着乱舞。

裴琳吃了“信用卡”的大亏，“安乐窝”算是飞了，这让她辗转难眠。裴琳反复斟酌，如果让信用卡这个“魔鬼”从老公的口袋里彻底消失，虽然，犯了错的老公短时间会同意，但时间长了肯定接受不了。

如果老公万一急需用钱，缺了信用卡，也是寸步难行！但多给他钱，也并不靠谱，因为人民币一到他手里，就跟长了翅膀会飞一样！

裴琳最终决定为老公办理一张她的信用卡附卡，由于裴琳的信用卡开通了短信通知功能，这样，手持副卡的老公无论何时何地消费，她都能在第一时间及时收到“消费情报”，做到“明察秋毫”。

再者，由于俩人共享同一信用卡账号，共用同一信用额度，为了避免俩人盲目刷卡，造成金额刷爆的尴尬，她完全可以名正言顺地要求老公将信用卡消费的底单保留。当然，为了不让老公信用卡超支，裴琳完全可以自主给老公的附属卡指定一个较小的消费额度。但裴琳不想对老公“经济封锁”过严，因为这样很容易让老公心生叛逆和反感。

第三，信用卡各自为政，所得积分有限，每年兑换的礼品非常少。裴琳常眼见一些心痒难耐的礼品，却无奈积分不够，只得作罢！但如果俩人共用，则能聚沙成塔，积分该当是另外一番光景。用一些信用卡刷卡后，可以积累积分，积分可以换取航空里程。如果夫妻一起使用同一张信用卡，能使积分效益最大化。

第四，夫妻共用主附卡，合二为一，省时省力，能帮管家婆省却管理多张信用卡的烦恼，也算是一桩意外的收获了！

如何能不露痕迹地达到目的，让老公心甘情愿地臣服，却又是一个棘手的难题！简单粗暴的镇压自然不行，因为那样只能是让老公奋起反抗。

裴琳的表姐张扬就有过这方面的教训。张扬和老公的父母都是普通的工薪阶层，但张扬是家中的独女，从小备受父母宠爱，非常霸道。

虽然，老公将张扬当小孩子，可张扬却是“人小鬼大”，从来没有放松过对老公的警惕。婚后，家里的财政几乎都是张扬一手抓。心怀坦荡的老公也总是摸摸她的脑袋笑着说：“小鬼！拿钥匙的丫鬟不当家！”张扬也总是一笑了之。

可是，很快，张扬老公开始哭笑不得了。张扬老公是公司里的一名中层管理人员，平常应酬颇多，回家晚。对此张扬愤愤不已，她开始限制老公的零花钱，老公对此颇有微词，但最终还是予以接受！见老公并未抗议，得寸进尺的张扬不与老公商量，直接将他信用卡取消，并用老公的身份证复印件为老公办理了一张她的信用卡附属卡。

这样，每次只要老公刷卡消费，她的手机随之响起，紧接着张扬电话追问：“你和谁在一起？”几次下来，这让老公感觉自己在朋友和同事面前越来越抬不起头来！更何况回到家，还要接受张扬没完没了的追问。

一次，张扬老公喝醉了，面对老婆的穷追猛打，他忿忿不平地说：“明天我自己去办一张信用卡！我的工资卡从下个月开始由我自己掌控！”

看着一直对自己惟命是从的老公发飙了，张扬不知所措！看着老公气得扭曲的脸，她突然意识到：她这个管家婆被解雇了！

裴琳引以为戒，她深知：要为老公办理信用卡附卡，同用一个账户，首先得注意沟通，讲究说话的技巧，做好老公的思想工作，事先必须征得老公的同意才行，绝对不能剥夺了他的话语权。

其次，顺利达到办理附卡的目的后，一定不能穷追猛打，要注意松弛有度。像张扬那般，刚消费电话就追过去，几乎和当众打他两巴掌没多大区别，着实犯了男人的大忌。她完全可以等老公消费单拿回来之后，装作轻描淡写地问上几句，相信老公也会乐于与你分享。

裴琳老公是位金庸迷，为了让老公信服，她特意把金庸的小说看了个遍。后来，抓住和老公讨论金庸小说里故事情节的机会，她适时地向老公分析道：“你看，杨过和小龙女的玉女剑法，必须双剑合一，携手克敌方可显现威力，关键时刻才能打得金轮法王个措手不及、落荒而逃，救出黄蓉母女。否则，像他们之后其中一个落了单，少了小龙女的杨过，再使玉女剑法，金轮法王也丝毫不惧！”

看老公频频点头，裴琳继续道：“咱们就应该向杨过和小龙女学习，联手办个主附卡，这样，所得的积分才能效益最大化，兑换的礼品才能更有价值。”

见老公吴海波脸色松动，裴琳继续道：“我的信用卡最近刚好调整了额度，目前有2万的信用额度，我帮你申请一个？现在很多男人口口声声称给女人管钱缺骨气，其实是自己本质上的大男子主义思想严重作祟，看不得别人对老婆好罢了！我老公是最有原则的了，才不会听了别人的话就耳朵根软，失去原则的！对吧？”

一番激将法，让老公吴海波想说“不”实在不是件容易的事！其后，裴琳继续趁热打铁，“拍马屁”道：“君子坦荡荡！拿着附属卡消费，就像是一个甩手掌柜，凡事有伙计帮着打理！多惬意的事啊！”

裴琳继续下一目标——控制老公乱刷卡！裴琳从不在老公消费完之后第一时间电话追过去，除非消费金额异常，她才会婉转地以担心账户安全为由向老公电话核实。

月末，俩人再心平气和地坐在一块，商量和总结各自的花销，婉转地指出各自的不当消费。这样一来，既不会让老公反感，又能达到让老公有所顾忌的目的。吴海波，最终在母子卡的牵连下，慢慢地改掉乱花钱的毛病，逐步向新时代的理财男标准靠近！这让裴琳欣慰不已！

或许你也可以学学裴琳，根据自己老公的性格特征，找准穴位，做出相应的对策，与老公同用一个账户，办理主附卡。

对于小额消费，我们大可在每月收到账单后进行一次总结。而对于大额异常消费，出于对账户安全的考虑，及时向老公电话核实，但也切勿在电话里纠缠不清、不依不饶，待事后再慢慢厘清。

防“漏报”，让银行把对账单寄到家

信用卡是老公花钱的“帮凶”，为了堵住老公的消费漏洞，有人为老公办上主附卡，这样就能掌握老公信用卡的消费情况。但并非所有的男人都愿意手持老婆一手操办的副卡去Shopping、去消费。

此时，我们大可从老公每个月的信用卡账单入手，发现问题，解决问题。

当然，有很多男人都选择将信用卡账单邮寄到单位。这样，对于女人来说，要确保每月准时拿到信用卡账单却也不易！不过关于这个问题，邻居陈莉的做法倒是值得借鉴。

陈莉的老公舒海是一位采购经理，平常交际应酬比较多，信用卡消费自然不少。陈莉苦于无法看到老公的信用卡账单，所以，这一直是笔糊涂账。陈莉为此也曾多次建议老公将账单寄至家中，但他总是嫌麻烦，置之不理。

为了让老公将信用卡账单由公司转移到家里，陈莉想到了一个办法。

舒海为人谨慎，很看重信用。每月还款日银行自动从工资卡里划转欠款，他也从来没有出现过一次逾期还款的情况。陈莉在某月还款日前一天找了个借口，从老公工资卡里支取10000元，但她当日并没有向老公说明。直至还款日那天晚上，陈莉假装淡然地对老公说，“对了，我前两天从你卡里取了10000块，爸妈打来电话，说急需用钱！”

舒海从床上蹦起，道：“啊？你取钱啦？我今天信用卡到期，要还15000元，现在账户就剩10000元了，不够还啊！你怎么不早说呢？”

陈莉立马装出一副无辜的表情，假装冤枉地说：“我哪知道你要还那么多钱？我看不到你的信用卡账单，当时要急用！这能怪我吗？谁让你把信用卡账单藏得那么紧？！”说完，她扭过头去，假装生气，故意不再理睬老公。

舒海碰了软钉子，无奈，第二天急忙给银行客服打电话，请求破例一次，不要计入信用档案。可过了两月，陈莉如法炮制。当他懊恼地埋怨老婆时，陈莉却一句话将他顶了回去：“不知者无罪！”舒海心里暗暗叫苦，他明知老婆故意，却又无计可施！过了两月，他只得将自己信用卡账单改寄到家中。

计谋得逞的陈莉从老公的信用卡账单中搜寻蛛丝马迹。她把老公每个月信用卡账单中的因公消费和个人消费一项项理清，一团麻般的账单被她一项项整理得清清楚楚。如此一来，一向打太极的老公在个人消费上自然也就藏无可藏。

都说“好老公是调教出来的”，虽然老公在公司贵为经理，但回到家依然需要接受老婆的悉心调教。摸清老公各项消费情况，知己知彼，方能对症下药。刚收到账单的头几个月，陈莉并不急于找老公“算账”，她先是将头几个月的账单进行纵向对比，然后，再一并找老公“秋后算账”。

她将公款消费和报销金额进行对比，再将个人消费部分滥支、滥用的列举出来，这让舒海心里直喊苦，这老婆实在忒精明了！此后，自然不敢再像以往一般为所欲为，在信用卡消费上也就老实了许多。

然而，陈莉却高兴不起来。因为她在老公的这堆账单中发现了几笔标示“娱乐城”和“洗浴场”的消费记录，故作镇定的老公将这些纳入公事消费，她也就装傻卖痴故作不知。

但她心里清楚老公应该是逢场作戏，这只不过是“露水情缘”罢了。她不想撕破脸皮和他闹，毕竟一旦捅破那层纸，破镜就很难重圆了！为了孩子，陈莉选择了忍让！但她毕竟还是要旁敲侧击地狠狠敲一敲他，要让他心里清楚，“老婆并不是吃素的”！

之后，她更是假装无意地跟老公聊天，谈及一些出轨男人的恶果，她对老公撩下狠话并放言“老虎不发威，不能当它是病猫！狗急了还跳墙！一旦要真把女人给惹毛了，那就什么都不管不顾了！”一番话，老公听得更是如坐针毡、坐立不安。

此后，老公确实收敛不少！信用卡上也没有再出现类似的消费记录。陈莉在心中感慨：不要小瞧一个小小的对账单！这里面的门道，足以把逼近悬崖的老公及时拽回来！还了他们一个完整的家！

其实，银行对账单就是一个不会说话的“情报员”。在管理老公信用卡过程中时，要想化被动为主动，就必须争取对账单的主动权。当然，我们在将账单争取到自己的家庭信箱中时，未必一定得按部就班地采用陈莉的方式。

正所谓，“仁者见仁智者见智”。将信用卡账单地址更换为家庭地址，说服老公的理由有N多，总结起来无非几点：

第一，公司信件常常堆积如山，鱼龙混杂，账单延迟和遗失的概率大，找寻起来颇费周折，且隐私权有被泄露的风险，而家庭信箱出现类似问题的概率偏小！

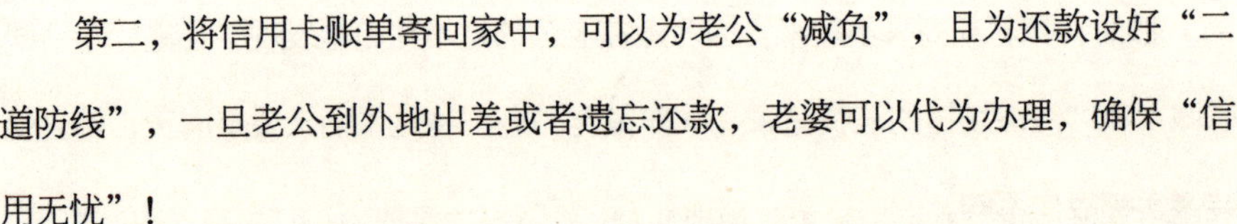

第二，将信用卡账单寄回家中，可以为老公“减负”，且为还款设好“二道防线”，一旦老公到外地出差或者遗忘还款，老婆可以代为办理，确保“信用无忧”！

第三，一旦老公跳槽或者公司搬家，管家婆们要把握这一将信用卡账单地址更改为家庭地址的绝佳时机。

当然，当我们成功抓住信用卡账单这个不会说话的“情报员”，我们还要学会读懂其中的密码。不仅要善于总结，更要指出其中的不当消费。

信用卡在精不在多，给老公两张足矣

同事姚军是80后，平常花钱喜欢率性而为，老婆是一家银行信用卡中心的业务员。为此，姚军一度殚精竭虑，几乎动用了自己所有的社会关系，只为给老婆业绩添上一抹光彩。

由此渗入信用卡行业的姚军，很快发现了信用卡当中的奥妙。他利用多家银行信用卡还款的时间差，办理了多家银行的信用卡，打擦边球，常常是拆东卡补西卡，从此过上了标准版的“卡奴”生活。

为此，公司里稍微年长一些的同事时常感慨：“要是赶上金融危机，下岗失业，全公司第一个宣告破产的非小姚莫属！” 因为他从来都是提前消费，在银行，他已经小筑债台了。除非某家银行催得实在太急，他才会优先还款。为此，姚军每个月需要花费大量的时间和精力来打理他的信用卡。

身边的亲朋好友都在为小姚担心，也曾试探性地问他：“如此提前消费，万一有了孩子，如何面对？”姚军则满脸的不在乎道：“船到桥头自然直！天塌不下来！”如果说原先的姚军只是一位潇洒的“月光族”，那在N张信用卡的推波助澜以及老婆不作为的放纵下，他现在则已经大踏步地跨入了“负翁”的行列。

虽然，姚军是一位相对极端的事例。然而，现实生活中，像他这样持有多张信用卡的“卡奴”却很多。有人甚至因为多张透支累计金额巨大，无奈举牌卖身为奴还信用卡债，更有甚者，资不抵债，只得锒铛入狱，坐牢偿还！

到底该让老公持有几张信用卡呢?

且不论姚军为了这多张信用卡的管理每个月该耗费多大的时间和心血，但就他如此这般狠劲地透支明天的消费方式即与我们管家婆的家庭理财宗旨格格不入，背道而驰。

事实上，在消费者刷卡所产生的隐性利润的驱使下，各大银行纷纷使出浑身解数，发动人海战术，或上门推销，或街边拉客，只需提供一张身份证复印件，外加申请人胡乱吹嘘的收入金额，即可为申请人发放一张额度不菲的信用卡。根本不会考虑你是否具备偿还能力。银行的业务员们脑海中只有一个信念——“业绩”！

即便你据实告知对方你手持N张信用卡，对方也会退而求其次，继续利用他的攻心计：“可以先申请，做为备用！只要不激活，就不会产生任何的费用！年底了，完不成业绩，帮帮忙！您只需花几分钟的时间填一下表格，这些小礼物就属于您了！”通常情况下，一些意志不够坚定以及贪小便宜的人，往往在推销员的一番软磨硬泡下败下阵来。

然而，这些睡眠卡真不会产生任何费用吗？答案是否定的！因为朋友许彦就曾吃了次哑巴亏！原来，许彦也曾禁不住推销员赠送礼品的再三诱惑，在得到不激活不会产生任何费用的承诺下，她用老公的身份证办了一张信用卡。此后，一

直闲置未用。

直至收到银行的缴款通知，被告知该睡眠信用卡已产生100多元的年费时，许彦才大呼上当！她怒火攻心，立马敦促老公致电银行客服，却得到一个亲切而又冰冷的答复：“对不起！先生！您的卡虽然没有激活，但是已经享受了首年免年费的优惠，次年刷卡未满6次，所以，我们根据相关规定，向您依法收取年费！”当许彦气急败坏地向老公控诉推销员不收费的承诺时，老公无奈地耸耸肩道：“空口无凭！你有证据吗？”许彦哑然！

天上不会掉馅饼！贪小便宜不过是作茧自缚！虽然不是每个银行都会出现类似的收费陷阱，但信用卡过多，必然也是会麻烦重重。

试想，如果老公持有几张信用卡，身为管家婆的你，每月不仅要核对多张信用卡的账目，更得从月头到月尾惦记着不同信用卡的还款日。如果稍不留意，造成延迟或遗忘还款，利滚利地产生利息不说，还会给自己的信用档案留下不良记录。

办公室里的4S管理，第一步就是“清除”，清除一些可有可无、多余的东西，这样才能效益最大化。同样，我们在管理老公信用卡时，第一步是“清除”，清除多余的信用卡，防止老公滥花乱用。当然，如果一张信用卡不够，也同时为了方便错时消费和还款，那么备上2张信用卡足矣！要想让信用卡发挥最大效用，积分效益最大化，精简信用卡是王道！

想当初，杨过初涉江湖，得到多番离奇际遇，贪心的他亦对各路武功照单全收，欧阳锋的蛤蟆功，古墓派的玉女剑法，黄药师的弹指神通，洪七公的打狗棒法……然而，学而不精的他于各门各派的顶端绝学也只能是学个皮毛罢了，根本无法尽数施展各路武功招数的妙用和威力，终究难以抗拒强敌。直至他自成一派，独创“黯然销魂掌”，才能得以独步天下。

朋友小美特别热衷于办信用卡。她给自己和老公办了N张信用卡，各家信用卡用处不一。她自豪地向我们列举各卡的用处：有可以商场购物打折的，有汽车加油打折的，有蛋糕店打折的，有电影院打折的……

为此，她每月耗费不少的精力打理她和老公的信用卡。为了凑够消费次数，他们常常用信用卡买回了不少闲置品。原以为可以到了年终积分兑换礼品，竟发现自己的一堆信用卡顶多只能兑换个面巾纸和毛巾之类的小礼物。

眼见和老公共享信用卡主附卡的我利用积分抱回一个价值两三百元的电压力煲，她羡慕不已！而当我把各银行积分与现金消费向她一换算，例如：招商银行1积分=20元，中行、交行、民生银行1积分=1元，竟然发现小美两口子的多张信用卡叠加的消费金额远远超出我们，如果他们像我们这般集中消费信用卡，其积分奖品完全可以兑换五六百元的足浴按摩器了。

这让小美捶胸顿足、懊恼不已！要知道，平常信用卡打折大多噱头多过实际！为此，小美感慨道：看来，管理老公信用卡，贵精不贵多，毕竟集中刷卡，能获取更多的积分！信用卡2张足矣！

而两张信用卡的使用，首先要关注它的账单日。如账单日分别为1号和10号，则2号的时候刷1号账单日的那张信用卡，11号的时候则刷10号账单日的信用卡，这样就能充分使用到50天的消费免息期。何乐而不为呢？

善用关联账户，一手掌控老公的消费

常听人说，女人最善变，殊不知，其实男人更多面。有男人吃软不吃硬，一见女人眼泪就发慌；也有男人吃硬不吃软，女人假装威胁几句他就缴械投降；还有男人胸怀坦荡，女人只需对他晓之以情动之以理，他就点头应允；当然，也有软硬不吃的男人，此时，管家婆们，也切莫泄气。

想想其他的出路，所谓“他山之石可以攻玉”。当冥顽不灵的老公为了所谓大男人的脸面既不愿意办理主附卡，又不愿意让你安排他的零花钱时，我们完全可以换种方式，利用银行的关联账户对老公的钱包进行集约化的管理。

公司何大姐从儿子上大学时就开始接触“关联账户”。儿子刚上大学两个月，一个令她头疼不已的问题，就浇熄了何大姐夫妻二人对儿子考上大学欢喜的余温。开学时，何大姐除了学费，还留给了儿子5000多元的生活费，饭卡、手机也都帮他充了好几百元，按计划，何大姐这个学期应该不用再为儿子的生活费担忧。

可不到两个月，儿子就打电话告急，发出“SOS”的信号，钱花得快没了，这让何大姐懊恼不已，却又无计可施，只得火急火燎地跑到银行给儿子汇钱。银行人多，在等候办理业务时，何大姐和旁边一位年纪相仿的大姐攀谈起来。

俩人的话题自然是围绕着孩子打转，当听闻何大姐抱怨以后为了孩子的生活费得月月跑银行排长队时，旁边的大姐笑着对何大姐说：“这还不简单？你等会到柜台办一个家庭关联账户就可以了！”

何大姐不明就里，旁边大姐告诉她，关联账户是银行最新推出的创新型财务管理的产品，只要开通了关联账户服务，不仅是银行卡，还有活期一本通、定期一本通、活期存折、存单甚至是凭证式国债等，都可以通过网上银行查询对方的账户余额、活期账户交易明细、收支表、资产负债表或资产表等财务信息，可以对对方的资金情况一目了然。

不仅如此，只要开通了关联账户服务，个人还可以根据自身需求建立定期定额资金汇划、超余额资金汇划、余额补足汇划等自动资金划转关系，以便实现资金的灵活调度和集中管理的目的，这才是关联账户的“重头戏”。

所谓定期定额资金汇划，也就是说，个人跟银行约定一个时间段，从甲、乙两个关联账户之间实现定额资金的划转。

所谓超余额资金汇划，也就是说，个人与银行约定甲账户资金触发点，甲账户资金余额一旦超过这个资金触发点，银行系统将自动把甲账户内多余的资金划转入乙账户。

而所谓余额补足汇划，则是反其道而行之。个人与银行约定甲账户资金余额，如果一旦甲账户资金余额不足以达到约定的金额，则银行系统自动将乙账户内的资金注入到甲账户，以确保甲账户达到约定的金额。

见何大姐似懂非懂，旁边大姐继续说道：“假如你自己建立一个关联组，然后，将你儿子加入其中，关联关系就此形成。这有点类似于‘小帮会’。你作为关联组老大，有权查询各成员的资金情况，同时，为了使关联组资金透明化，你也可以对成员设立权限，让他们也有权查询整个关联组的资金运转情况，包括整个帮会的合并收支表和合并资产负债表。另外，在关联组资金集约化管理的同时，为了实现资金灵活调度，可以约定由银行这个免费管家帮你实现资金挪动与搬家。”

大姐很热心，她还特意简略地画了几个图告诉何大姐关于自动资金划转其中的奥秘：

附表一：

超余额划汇查询结果				
关联组名称	划出帐号/姓名	划入帐号/姓名	划出帐户保留余额	划转周期
家和睦	123456/妈妈	234567/儿子	10000元	每个月

附表二：

余额补足划汇查询结果				
关联组名称	划出帐号/姓名	划入帐号/姓名	划入帐户应达到余额	划转周期
家和睦	123456/妈妈	234567/儿子	500元	每日

附表三：

余额补足划汇查询结果				
关联组名称	划出帐号/姓名	划入帐号/姓名	每次划出金额	划转周期
家和睦	123456/妈妈	234567/儿子	500元	每个月

这样，何大姐彻底明白了，她对旁边热心的大姐不胜感激！这下可好了，既可以不用担心儿子没钱花，又能避免他一次性拿到太多的钱而乱花，实在是一项一劳永逸的过程。突然，何大姐灵光一现，让老公加入岂不是两全其美？

何大姐老公淡定得很，真正是威武不屈，坚决不将银行卡、信用卡等上交给老婆，他觉得那样实在是丢大男人的脸面！可是，何大姐老公又是一个对钱没什么概念的人。这些年，俩人各管各的钱，导致家庭账目不清，遇到需要花钱的事，俩人手忙脚乱地凑钱。

关联组能对家庭账目起到一个集约型管理的目的。老公成为关联组成员，也能知悉家庭整体的经济情况，大家都处于对等的地位，他的大男人脸面的问题也就迎刃而解。而且，集中起来管理，方便老公知道家庭资金的各个动向，了解到家庭需要承担赡养老人、孩子学费、生活费以及家里的油盐酱醋等多项费用后，平常花钱没谱的老公可能会知难而退，自动为家庭做出节约贡献。

何大姐相信老公肯定能同意。果不其然，在何大姐的耐心劝说下，她老公同意了这一方案，毕竟这钱并没有掉进老婆的个人腰包。经过了几个月的操作，何大姐用账户内实际的数据有力地向老公证明了家庭经济花销的难度，这样，老公自愿将生活费降到1000元，拿着身份证到银行办理了超余额汇划的授权。

自此，在银行管理账户的帮助下，何大姐将家庭资金打理得风生水起。

不过，何大姐最后在向我们传授法宝时，向我们提出了她的建议，建立关联账户，最好是开通网上银行，因为关联账户所有账户、财务信息查询均只在个人网上银行提供。而且开通网上银行后，后续的资金汇划授权和取消均可以足不出户直接在网上银行予以操作。当然，你也可以带上有效身份证件，前往银行柜台排队办理。

姐妹们，好东西大家一起分享！假如你的老公又爱面子，又不愿意交钱、交信用卡，咱们或许可以试试这种新的变通方式来间接管理老公的钱包。不过，目前提供关联账户服务的银行不多，只有上海浦东发展银行和中国银行两家银行实行。

严守老公向外借钱，做个抠女郎又何妨

第六章

借钱，既是老公们欺上瞒下的惯用伎俩，更是一道理财难题。登上家庭CEO宝座的老婆们，不仅要发动群众力量，对老公借款去伪存真，还应坚守原则，充当老公借款的“黑脸”。

借钱容易付债难，把好老公借钱关

俗话说，“人要脸树要皮”。在中国这个处处讲究情面的国家，为朋友两肋插刀在所不惜，已成为众多男人的座右铭。而面对朋友提出的经济援助，是“爷们”自然更是得慷慨解囊。否则，这爷们也太不够“纯”了！

生活中，为朋友掏心掏肺掏家底，当亲朋好友上门借钱，不论是何原因，只要开口，男人们一律是来者不拒。此时，量入为出这个简单的道理却被大多数好面子的男人所自动屏蔽，他们在帮助别人的同时，竟全然不顾自己家庭的生活开支。

女友蔷薇的平静生活就是被老公孔亮无限膨胀的“面子光”借钱工程给摧残得七零八落。

蔷薇和老公在大学谈了4年的恋爱，毕业后都顺利地在上海找到了理想中的工作。毕业3年，当大部分同龄人都还在为生活奔波时，在世界500强工作的蔷薇和在中国500强工作的孔亮皆因工作表现突出，升职涨薪，俩人年收入20多万元。

蔷薇和孔亮结婚后，他们买了房、买了车、生了孩子，生活按照既定的轨道慢慢前行。当蔷薇原本以为自己就会一直这么幸福下去时，她的生活突然被接二连三的“借钱”风波给搅得一塌糊涂。

孔亮是典型的凤凰男，家穷。自力更生艰苦奋斗，在上海落地生根的孔亮，日子稍稍宽裕后，并没有忘本，每年都会给家中双亲寄回去相对丰厚的赡养费。

而引以为傲的父母自然会在亲朋好友们面前一顿吹嘘。于是，孔亮发达的消息在村里不胫而走。

但其实上，由于物价飞涨，每个月他的收入除去房贷、养车和养孩子所剩无几，然而，这些都被让荣誉冲昏头脑的他忽略了。

正所谓“树大招风”，很快，孔亮就为他的“巨富”传闻付出了代价。俗话说：皇帝家还有几门穷亲戚。更何况从农村出身的孔亮呢？

平常几乎没什么联系的亲戚、朋友甚至是昔日的同学，都纷纷以各种借口找上门来借钱，最开始是借几百、几千，孔亮自是豪情万丈，从不让他们空手而归。蔷薇心生不忿，但孔亮理直气壮地说：“都是乡里乡亲的，钱也不多，我好意思驳人家的脸面么？”

孔亮借钱时的慷慨和爽快让越来越多的人认为他是好债主的不二人选。于是，今天堂哥打来电话说：“你哥家要装修了，还差2万块钱，你看能不能挪点？”明天小学同学找上门来说：“兄弟，哥们好不容易找了个媳妇，还缺1万块钱彩礼，你帮个忙？”后天，表婶又来求助：“亮，你叔想买辆面包车，还差2万，他不好意思开口，我只能老着脸来求你！”

类似电话越来越多，但孔亮从不拒绝，只要别人开口，他都想方设法满足别人的要求。

为此，蔷薇愤怒地道：“你真把自己当银行的自动取款机？这个月房贷你不用交了？车的油钱呢？孩子的奶粉钱呢？”

蔷薇的抱怨不无道理，因为最近孔亮的钱都外借了，她一个人的工资又要交房贷，又要养车，还要养孩子和供家用，已经入不敷出。虽然眼下他们的收入还算可以，但上有老下有小的他们隐性风险支出很大，如此下去，几乎没什么存款的他们，如果其中一个失业，或者家庭中出现任何经济上的风吹草动，他们将迅速面临破产的境地。

但孔亮不听劝，嘴上答应着，可等到别人来借时，又摒不住，最后实在没钱的他，竟然借钱去借给别人。这事被蔷薇知道了，气得浑身发抖，为了孔亮所谓大男人的脸面，她实在是受够了。

蔷薇不是一个自私的人，她也有副热心肠。但是，如此无休无止、毫无原则的借款，却无论如何也不是她以及他们这个小家所能承受得住的！毕竟只有自己安稳了，才能有帮助别人的能力！

况且，他们中的大部分不过是怀着一种贪图便宜的心理而来，据蔷薇所知，孔亮的堂哥和表婶在向他们借钱时，家里明明囤了几万斤的稻谷，等到卖了好价钱之后，却把还钱的事抛之脑后，从不提及！

蔷薇爆发了，她警告孔亮，如果他再继续无原则地借钱，就别怪她不顾夫妻情面！他们这个小家为了他所谓的面子已经买了够多的单！看妻子真正发飙了，自己也备受经济折磨的孔亮总算有所悔悟！而后，家里来的借钱电话，他也会学着说“NO”了！

也许，孔亮算是比较典型的好面子债主。但是，生活中，如孔亮这般，无利息、无原则，不顾自己经济状况盲目借钱给别人的老公们不乏其人。他们秉承“以人为本”，以为朋友多了路好走，但却常常发现，沾光的亲朋好友不少，但患难之交却极其稀有。他们自以为自己很“Man”，却不知一些借钱者转身捂着嘴巴指着他的背影笑道：“这个傻瓜！”

所以，姐妹们，男人的智商和财商或许容易被自己盲目自大的虚荣所掩盖，但是，作为与其同舟共济的妻子，自然对他的沉迷和固执负有义不容辞的责任！

分清哪些钱该借，哪些钱不该借，把好老公的借钱关，亦是管好老公钱包的一项重大挑战。

借钱应该要理性地、有计划性地借。当老公遭遇亲朋好友借钱时，首先要提醒老公考虑自己的经济状况，家里是否真的有闲钱借给他人？只有确定有足够的闲钱，才能考虑是否借的问题。否则，自身难保，如何“救”他人？

其次，要仔细权衡对方的人品和口碑，考虑其以前在这个问题上是否有不良还款的记录？

最后，还应权衡对方的借款金额，看其目前的经济收入状况是否具备相应的还款能力。如果金额超出其能力过多，但老公平常关系确实很铁，属于不借不行的那种类型，则应对其借款数额做出相应的“打折”。

他真是把钱借给别人了吗？

《蜗居》中，宋太太握着一笔刚收回来的钱发呆，装钱的信封上有个她亲手画的笑脸，她疑惑地问老公：“你最近有借钱出去吗？”宋思明先是一愣，而后含糊地说：“嗯！或许吧！最近借钱的太多了，我都没印象了！”疑惑不解的宋太太只得感慨，这世界可真小！

诚然，小说的世界一般都大不了，而且超于寻常的“巧”。彼时，宋太太不知道的是，这笔钱正是宋思明送给他的小情人海藻的第一笔钱，命运阴差阳错地让它连带着包装的信封一道绕了一圈又回到了它的主人——宋太太的手上！可惜，蒙在鼓里的宋太太并没有捕捉到其背后的信息，她被老公的障眼法迷惑了，天真地以为自己收回了一笔钱，却不知，却是左口袋出右口袋进，纯粹是为他人做嫁衣裳罢了！

天下之大无奇不有！然而，生活中，这样的离奇巧合发生，毕竟如中体彩巨奖般是小概率事件！可是，生活中，如宋思明般以借钱为借口，对老婆大放烟雾弹的男人们却比比皆是。心怀鬼胎的他们怀着某种可告人或者不可告人的目的，对于自己在老婆面前无法言明的支出，总是漫天扯谎，以钱被借出为由，不了了之。

藉此忽悠一时兴起问起金钱去向的老婆，倘若碰到一个如宋太太般对家庭整体的财务情况迷迷糊糊的老婆，那自然是所向披靡、万事大吉！

倘若碰上一个记性超好，喜欢追根究底的精明点的老婆，则大可将谎话编得再圆一点，煞有其事地向老婆列举借款的时间、地点和对象，以堵住老婆的穷追猛打，反正老婆也不会去一一核实。时间长了，就当作呆坏账来处理，顶多让被编出来借款的对象背次黑锅，接受老婆对其背后无休无止的谩骂和口诛笔伐罢了！

回老家过春节返程时，车票紧张，由于顺路，我搭了大姐一位朋友A的车去火车站。可是，车刚上高速，我就后悔了！A和妻子B几乎吵了一路，作为旁人的我，尴尬得赶紧将MP3塞在耳内，假装充耳未闻。然而，由于两口子吵架的分贝实在太大，即便我费尽心思捕捉音乐中那悠扬的旋律，他们的吵架内容依旧不能被屏蔽。

只听见A在那忿忿地抱怨："你干嘛非得让我送你回市里？明知道我忙！就三个多小时的车程，你自己开回去不就得了？"

倔强的B心里委屈，但依旧恨恨地道："我就是要让你回市里的家陪陪我和儿子！不行吗？”

听老婆如是说，A态度软了点：“我这不是要在这做工程吗？忙着挣钱啊！否则，如何养活你和孩子啊？”

老婆不听则已，一听这个顿时摒不住：“你还好意思提挣钱？！你的钱呢？拿出来我看看啊！说的好听，还是个老板，钱呢？”

A继续好脾气地道：“这不是借出去了，在外面吗？！你又不是不知道？！”

老婆不屑一顾地道：“你也知道都借出去了啊？你的那些狐朋狗友们哪个没找你借过钱？又有哪个还钱了？还有你帮政府部门装修的款项，收回来了几个？你挣的钱，全都在别人口袋里呢！你这些年在这挣的都是‘假钱’——不过是一个好看的数字罢了！”

老公A继续：“那有什么办法呢？做生意朋友都帮忙了的，找你借点钱，你还好意思不借啊？更不可能去催着还了！多伤感情啊？！生意讲究的就是人脉！政府部门机构庞杂，审批款项复杂，需要时间！”

老婆不理他，继续数落！一路上，我听得头大！熬了三个多小时，总算到达目的地，跟家里打电话报平安，正好大姐接的，我就顺道抱怨了句：“你给找的顺风车，让我当了一路的灯泡！人两口子吵得不亦乐乎！”

大姐乐了，一针见血地问我：“是不是他老婆埋怨他借钱呢？”

我啧啧惊叹，对大姐佩服得五体投地，“你怎么跟个半仙似的？一算一个准呢？”

大姐哈哈大笑，告诉我说，A借钱给别人的“风光事迹”早已经是他在县城那个朋友圈里公开的秘密了，这只不过是他用来忽悠他那两耳不闻窗外事且山高路远的老婆的借口罢了。

其实，A的工程队每年效益不错，而且这些年政府部门的款项结算每次都很及时、顺利。可是，花心的A不仅养着小三，甚至还有小四、小五，老婆山高皇帝远的自然是不知情！天下没有免费的午餐，更何况是几个如花似玉的小三们？A为此得花不少钱养着！

总算A的老婆B不是糊涂透顶的那种，知道老公在县城的生意做得不错，所以，也就常常会逼问A挣的钱哪去了？有时，周转不过来且心虚的A只得随口编说是某某朋友借了，老婆没有丝毫犹豫，信以为真。眼见计谋得逞的A自然是心花怒放，仿佛找到了新大陆一般的他，此后，每次面对老婆质问，都依法炮制，而且编得头头是道，老婆深信不疑。

可是，时间长了，老婆对他的借款行为自然是日益不满！所以，两口子相聚次数虽然不多，但每次相聚必定会不论场合、不分时间，乱吵一气！大姐的那些朋友们也早已见识过多次，见怪不怪了！

在此，我不得不为A的老婆B深抱不平！但正如大姐所说，大家都是局外人，况且和B又不熟识，谁也不愿意去告密，做那费力不讨好的事情！俗话说，“劝和不劝离”！即便你豁出去八卦地跑去告知B真相，估计只能是落个背信弃义、拆人姻缘的骂名罢了！所以，尽管大家都认为A这个家伙对老婆实在是太过分，但都是睁只眼闭只眼！而这一切真相的发现，只能是靠B自己去把握了。

诚然，作为外人，别人的家务事实在是不便于干涉。然而，我还是不禁为如B这般对老公借钱谎言深信不疑的女人们所感到悲哀。我相信，生活中，如A这般对老婆大放烟雾弹的人很多。

虽然，婚姻的基础是互相信任。但是，面对老公的债务，不仅是作为债权人，还是债务人，身为老婆的你一定要多留一个心眼。尤其是面对老公接二连三的借钱事件，老婆更是应该严格把关，一度的放任和微弱的抗议，只能是助长他们扯谎的气焰。管好老公钱包，是否核实清楚老公的债务情况也是一项重要的考核指标。

其实，要核实老公的债务情况并不难。首先，找线人，做老公好哥们的哥们，与老公的家人搞好关系，自然消息四通八达，老公的谎言也就无处遁形。其次，要求老公出具对方的借条，写清楚归还日期，白纸黑字、签字画押，帮老公圆谎者自然会谨慎而为、不敢亲笔画押。

找线人，核实老公的债务情况

孟子曰："得道者多助，失道者寡助。寡助之至，亲戚畔之；多助之至，天下顺之。"

孟子讲的这番治国大计套用于家庭而言，同样适用，毕竟"齐家"、"治国"自古以来就是齐头并进的两项大事。

得人心者"家"天下。女人在管理老公钱包的过程中，打入老公朋友圈，找线人，做老公好哥们的哥们，可谓是一项出奇制胜、虏获人心的高招。做老公好哥们的哥们，老公的债务谎言也就没有滋生的土壤，自然无处遁形；做老公好哥们的哥们，老公的债务谎言对你也就不具备任何的杀伤力；做老公好哥们的哥们，以静制动，才能将老公这只高飞的风筝拽得更牢、更结实。

A的老婆B山高路远，对A的朋友自然是知之甚少，所以，也就悲哀地成为了全世界都知，唯独她一个不知的人了！假如，她能多花点心思与老公的朋友们交流，也许，A的债务谎言早已戳破，也就不会有那么多的小三、小四和小五们来心安理得地分享本该属于她的财产和幸福。然而，毕竟，生活中，愿意在老公好哥们身上花心思的人不多。相反，部分女人们对于老公的朋友们则是抱以一种否定和鄙夷的态度。

同学韵之是家里的独女，有点娇气和自我。也许是前世注定的缘分，韵之对老公永为情有独钟，一路穷追猛赶，总算走到一起。不过，从学校毕业后的韵之一时并没有找到合适的工作，所以，头几年她索性待在家中，让老公永为养着她。

那会永为的工资不高，一个月才两三千元，其中的压力可想而知。对此，永为的那些朋友们看不惯，劝永为放弃。不料被韵之无意中听见，自那以后，韵之心里长了根刺：永为的那些朋友都是兴风作浪的坏家伙！她与他们势不两立！她要永为断绝与朋友们的联系！

可老公永为不那么想，这些都是他从小玩到大的铁哥们，怎么可能说放弃就放弃呢？再说，朋友们的初衷毕竟是好的！这其中的是与非，作为外人咱不便于评判，但是，要在爱情和友情之间做一个选择，无疑是残酷的！两个人的结合，有爱情与亲情的磨合，也有爱情和友情的磨合。只能说，韵之没有很好地处理这个磨合期，以至于影响了之后两口子的感情发展。

永为没有听从老婆的建议，继续我行我素。朋友来上海了，他也不再如实告知老婆，常常自己单刀赴会。喝酒、吃饭、唱K、旅游等，永为自然是要尽一尽地主之谊。回到家，老婆查账，就告诉她同事结婚送礼，或是借给同事应急了。可随着老公晚归的次数越来越多，韵之渐渐起了疑心，钱越来越少了，哪有那么多结婚和借钱的呢？

可是，她对永为的朋友和同事了解的太少，根本无从探听其中的虚实。所以，韵之一天到晚怀疑永为有外遇了，在外面包二奶了！有事没事就找老公吵架，永为莫名其妙，觉得老婆不可理喻！两口子越吵越凶，感情的裂纹越来越大，几乎逼近离婚的边缘！

直至有一次，韵之无意中看到永为朋友发给他的短信，约他晚上相聚。韵之才得知，这些年，老公并没有断绝与朋友的来往。而永为也向老婆坦诚了自己晚归的原因和金钱的去处，这让韵之若有所思。

韵之对于老公朋友的排斥不仅对于自己的“家天下”没能起到丝毫的作用，反倒令自己对老公的财务失控，使得老公对自己谎报军情，差点导致夫妻分手。而相比之下，堂姐爱婉的手段则要高明许多。

早在谈恋爱之际，爱婉就积极主动地打入了老公唐勇的“集团军”内。爱婉的性格和名字出入极大，为人爽朗，她从不约束老公和朋友们的聚会，给了老公很大的自由。老公曾带她参加过一次朋友间的聚会，豪爽、正直的爱婉很受唐勇朋友们的欢迎，大家纷纷恭喜唐勇找了一位善解人意、贤良淑德的妻子。感觉很有面子的唐勇也就常常携妻一同参与聚会，时间长了，爱婉也成了他们的姐们。

后来，忙着照顾孩子的爱婉渐渐很少有机会出席唐勇“集团军”的聚会，但是，对于老公的行踪，坐镇家中的她依旧能够了如指掌，这一切全赖于集团军内爱婉的几个铁杆哥们的暗中协助。要知道，这几个铁杆哥们的女朋友可全都是爱婉介绍的。

所以，当唐勇在一帮哥们面前大吹大擂自己藏私房钱高超绝顶的手法之时，全然没有预料到，老婆的线人早已悉数汇报。回到家才发现，自己藏在电脑主机内、皮鞋鞋底、《辞海》夹缝内以及假花盆里的私房钱几乎全军覆没，曝光在老婆的眼皮底下。垂头丧气的唐勇只得捶胸顿足地控诉：大意失荆州啊！

当唐勇昔日的初恋情人哭哭啼啼、态度暧昧地找上他，一把鼻涕一把泪地向唐勇哭诉自己的不幸，暗示自己已离婚，并需要向唐勇借款1万元以渡经济危机，而招架不住眼泪攻势的唐勇豪气顿涌，一再拍胸脯保证一定帮忙解决并暗中积极准备筹款之时，殊不知，老婆爱婉早已得到线报。

唐勇回家跟老婆编：“大胖老婆弟弟要娶媳妇，他老丈人给他下了死命令，必须拿出2万块钱来，但大胖手上只有1万，他找我们借1万。你也知道，大胖那个人，很讲义气，想当初刚来上海，我无家可归，就是大胖收留的我！”

唐勇编得绘声绘色、楚楚可怜，爱婉心里暗骂：“臭小子，跟我玩暗渡陈仓！”不过，她没有直接点破，她在给老公机会，一定让他自首。

她不动声色地道：“那倒是！借钱倒是小问题！怕就怕大胖打着给妻弟娶亲的旗号借钱，实则是偷摸着借给什么旧情人、初恋女友之类的！如果真是这样，那可就是十恶不赦的大问题了！”

爱婉故意停顿了下，突然抬头盯着老公的眼神看，唐勇自然不敢正视老婆。给她突然这么一吓，背上冷汗直流。他咬牙切齿地暗骂：不知道又是哪个臭小子把我给卖了？！

他正寻思着，爱婉继续正色道：“其实，退一万步说，大胖真要是借钱给旧情人或者初恋女友也不是什么了不起的大事！毕竟还是朋友嘛！大家都一把岁数了，孩子也有了！夫妻间最起码的信任还是有的，但最主要大胖这么偷偷摸摸、遮遮掩掩的，岂不是有那欲盖弥彰之嫌疑？等以后他老婆知道了，就算是没事也变有事了！够他好好喝上一壶！”

听到这，唐勇是傻子也该明白老婆的用意，他对这手眼通天的老婆实在是一点办法没有。他结结巴巴地向老婆坦白了！

爱婉没有怪他，反倒赞他是位重情义的男人！不过爱婉也义正言辞地警告老公："你知道我眼里揉不得沙子！欺骗是我最不能容忍的事情！以后有事，夫妻商量着来才是正道！"

唐勇点头默允。第二天，两口子一起找到唐勇的初恋情人。爱婉对她亲切备至，嘘寒问暖，并将1万元交到她手中。初恋情人不好意思地收下了，不过她还是坚持给爱婉立了个借条，并于半年后悉数归还。

自此以后，唐勇对老婆心服口服，而他们这对恩爱夫妻也成为了朋友间的楷模。有人夸爱婉：你真的是一位聪明的老婆、笼络人心的高手！爱婉甜甜一笑，"其实我并不聪明！我只不过一直坚守着——'朋吾朋以及老公之朋'这个法则罢了！"

诚然，管好老公钱包，打入老公朋友阵营，布好线人，总能出奇制胜。当老公在错误的分岔口踌躇不前时，及时掌握老公的信息，才能对老公和他的钱包起到一个积极的劝阻作用。这不失为"围魏救赵"的一出好戏。

所以，管家婆们要管好老公钱包，还需放下你们的架子，与老公朋友多接触，找线人，做老公好哥们的哥们，才能对老公生活和花销更多一份了解，才能及时地戳破老公谎言。也许，初时，融入老公朋友圈"找不到话题"会成为众多女人的门槛，但话题是可以引导的，即便是自己确实不够了解的话题，做一个忠实的听众也不失为一个好方法。在朋友面前过于矜持，或表现出过多的负面情绪，不仅会给老公带来不利影响，也会使自己形象受损，无益于打入老公"哥们集团"。

同时，我们要对老公与朋友的相处持一种肯定和支持的态度，而不是——敌对。如果碰到老公与朋友交际过多，将夫妻空间和家庭空间挤占，则大可主动请缨，邀请老公与其朋友们将聚会战场转移到家中，看到你为了大家忙前忙后，老公觉得有面子，朋友也会觉得受尊重。而由于聚会是由你召集的，所以频率也能由你来定，自然也能放慢老公聚会的节奏。

亲兄弟明算账，借钱一定要借条

借钱，原本就是一个敏感的话题。非一般的关系，被借者也是铁公鸡——一毛不拔；非一般的关系，借钱者也会羞于启齿。然而，正是这种非一般、如亲兄弟般无话不谈、亲密无间的关系，在经历“借钱”这个犹如宿命般的阴影后，常常会因此而变质，甚至反目成仇、大打出手，友情从此陷入万劫不复的境地。

兄弟间在借钱的初始，常常是豁达而又潇洒的，借条于他们而言是隐晦的，讳莫如深的双方对借条常常是避而不谈。认为借条实在太教条，伤感情。假如有债权人在将金钱递过去的一刹那，同时鼓足勇气尽量轻描淡写地向对方表示：“写个借条吧！”

彼时，一句简短的话，常常让对方感觉如被雷击，原本的感激之情也会瞬间荡然无存，心里自然而然地升起了一种受辱和委屈感。我甚至曾经听一位朋友对我忿忿不平地控诉他的债权人：“什么玩意儿？让我写借条！难道我的信誉还不值那区区的1万块钱吗？”

对此，我哑然失笑。自古曰：“亲兄弟，明算账。”当朋友关系涉及到金钱，混沌不清、模棱两可是大忌。只要心怀坦荡，写个借条又何妨呢？先小人后君子，才能避免金钱影响友情的宿命，才是让友谊更为稳固和长久的大业。否则，先礼后兵，也许之前是当了君子，但到最后常常大多不得已皆为小人了。原本互帮互助的好事，最终沦落为互相攻击的恨事。

邻居大毛叔和二毛叔由于年龄相仿，感情是哥六个当中最深的。小时候同吃同睡、同休同止，形影不离，各自成家之后，两个家庭也常常坐在一块喝酒划拳、谈天说地，好不热闹！然而，这种手足情深的家庭温馨画面，随着几年前的一场借钱风波戛然而止。

二毛叔家里房子翻新，差钱，找经济稍微宽裕的大毛叔借，大毛叔也爽快，拨开大毛婶偷拽他衣角的手，直接给了自己弟弟2万元，二毛叔对此心照不宣，拿着钱转身走了。

大毛婶埋怨道："借钱倒是没问题！但是你应该让你弟打个借条！"

大毛叔眼睛一瞪："我自己亲弟还信不过？！女人那心眼真是比针尖还小！"

大毛婶使劲瞟他一眼："亲兄弟明算账，你不懂？借钱写借据天经地义的事！兄弟要想做长久，尤其得在钱这样敏感的问题上划分清楚！白纸黑字、立字为据对双方都有好处！以后要是有麻烦事，可别怪我没提醒你！"

大毛叔对此嗤之以鼻、不屑一顾。可事情之后的发展，却远远超出大毛叔的预料。

房子盖好两三年，二毛叔又买了辆面包车跑运输，只字没提还钱的事，大毛夫妻俩体谅弟弟，也没提。可是，天有不测风云人有旦夕祸福。几个月后，二毛叔在一次意外车祸中去世了。肇事方赔了30多万元给二毛婶。

没多久，恢复神速的二毛婶卖房套现，带着所有的钱，携上孩子改嫁了。这下轮到大毛两口子傻眼了。

没拿到赔偿款前，二毛婶还主动找到大毛夫妇说："你们那钱二毛跟我说过，我记着呢！放心，人虽然去了，但我肯定会负责到底！"这让大毛两口子唏嘘不已，都安慰她不要着急，并积极帮她找肇事方协调赔偿的事情。

可没想到，二毛婶拿到赔偿款后，又是卖房子，又是张罗孩子转学的事，丝毫不提还钱的事。看出点苗头不对的大毛婶摒不住，旁敲侧击地提醒二毛婶，没想到，对方开始不认账了："我们孤儿寡母的，那钱我听二毛说，是你们送我们的！"

彼时，大毛婶有苦难言，自己家供2个孩子上大学，让他们倍感吃力，眼下，孩子的学费还没有着落。自己虽然也同情二毛婶的遭遇，但也只能从精神上予以安慰，而相比之下，经济上困难的人是他们自己，而不是拿着几十万元的弟媳。

可是，争论的最后结果是，二毛婶翻脸不认帐，后来干脆不承认拿过那2万块钱。二毛婶哭天喊地地叫："现在人没了，拿了点钱，你们就眼红了，就信口雌黄地编出借钱的事来！证据呢？欺负我们死无对证！苦啊……"

二毛婶恶人先告状，让大毛夫妻俩真是哑巴吃黄连，有苦说不出。钱拿不回来不说，还得背负一个趁人之危落井下石的讹人罪名。虽然，村里有数人证明曾听二毛生前提过借大哥钱的事，但苦于没有书面凭证，这下真的是死无对证。而其他人也不愿意过多地搅合进他们家的那摊乱泥潭中去，所以随着二毛婶的改嫁，大毛两口子的2万块血汗钱终于打了水漂！

大毛叔花了2万元为自己的一时疏忽买单。也许，当初如果留下一张薄薄的借据，也就不至于导致其将自己的血汗钱白白贡献给二毛婶曾经的姘头——现任的丈夫了！

大毛叔的故事告诉我们，借钱打借条对债权人有利，可以防范未来可能发生一切的风险。但同样，借钱打借条，分清楚钉铆，亦是对债务人的一项保障，可以避免一些因误会而产生的经济纠纷。

借钱的小姨夫就曾吃过一次没有借条的亏。一次，小姨夫店里资金一时周转不过来，就临时找朋友王二挪借了3000块钱，王二很爽快，小姨夫说："我给你打个借条吧？"王二摆摆手制止了他。

过了几天，缓过来的小姨夫马上拿着钱还给了王二。王二当时正在忙，接过小姨夫钱的他顺手将钱放进了兜里。此后，小姨夫以为这事就这么过去了。

可没成想，到年底盘账，王二又突然想起来小姨夫借他3000块钱的事，但是还款的事情，他却一点印象没有。于是，临近年关，他找到小姨夫问钱的事，小姨夫给问得丈二摸不着头脑，表示："不是早还你了么？"

可王二却认为小姨夫存心赖账，他找来小姨夫借钱时在场的证人。这下小姨夫傻掉了，因为觉得金额不大，所以他并没有刻意当着别人的面还钱，这样一来，他立马词穷。小姨夫百口莫辩，但他是绝不肯再还一次钱的，3000元事小，冤枉事大！双方各执一词！僵住了！如此一来，两位昔日的朋友为了这个无法言明的借款内心都窝了口气，都没过个好年！断了来往！

为此，小姨夫感慨："我要坚持写下借条就好了，还钱的时候，把借条拿回来！找不到借条的王二自然也就不会对我产生这样的误会！好不冤枉！"

大毛叔和小姨夫无疑用自己的亲身经历向我们深刻剖析了借条的重要性。男人在外好面子，不拘小节，很多时候都会义字当头，钱借出去却不留下任何字据，借钱不要借条，几乎成了一种常态。然而，为此反目成仇、有理说不清的案例也并不鲜见。所以，打理着老公钱包的我们，为老公摆平债务上的隐患也就成了我们的必修课。

当老公羞于开口之时，我们要积极出面唱唱“黑脸”，打借条是原则问题，不带任何感情色彩，在借条问题上，要做到铁面无私、苛刻严格。要知道，真正胸怀坦荡的人是不会为此而退却。相反，反倒能让一些存心占便宜的人迎难而退。而只有这样，一旦对方不还钱，朋友也做不了了，只能上法庭，而借条则成为保护我们自己钱的唯一证据。所以，在老公借钱给别人时，管家婆们一定要坚守——借钱一定要打借条这最后一道防线，只有这样，才能让老公的朋友和理财之路走得更为踏实、更为健康！

防“呆坏账”，该催要催，该还必还

在中国人的传统观念里，“欠债还钱，天经地义”，所以，就有了“白毛女”这个传统的经典故事。

大年三十，万家灯火辉煌之际，凄凄惨惨戚戚的杨白劳家则是愁云密布、凄惶备至。这天，他因借“高利贷”，被趾高气昂、欺行霸市的债主黄世仁逼到了绝路，走到了人生的尽头。女儿喜儿则是不甘心接受被强迫的命运，奋起反抗潜逃出魔窟，孤身一人躲到深山里隐居，以致满头白发。

“白毛女”成为了无情债主逼迫的悲剧典型。然而，随着中国社会经济的高速发展，法治的渐趋完善，人们思想观念的改变，债务双方的地位已经悄然发生了天翻地覆的变化。“借钱的是大爷，要债的是孙子”，这句话已经不再是什么稀罕事了。

我们公司是一家通讯运营商，每个季度要向客户收取固定的运营通信费用。每个季度账单发出去后，大部分客户会依据合同积极主动按时缴纳。然而，几乎每个季度都会有小部分客户，任凭你如何地求爷爷告奶奶，卑躬屈膝，就是不为所动，脸上只是摆出一个字——拖！

也许有人会说，软的不行，那就来点硬措施，给客户加点码，把他的通信服务给停了。可是，这又明显违背了“客户是上帝”这一永恒的宗旨。他又没说不付，只是延期罢了！如果真停了，客户关系势必搞僵，而此后客户的其他通信业务也肯定与你绝缘。

也有人会出那“贿赂”的馊主意。且不论公司的利润有限，但就目前一再倡导的“反腐倡廉”政策，咱这打工吃饭一族，挣点钱不容易，如果再以身试法，把自己给搭进去了，那可真的是赔大了！

所以，欠债的是大爷，作为债主的你，只能是厚着脸皮，横下心来，尽管你内心早已怒火冲天，你还是得面带微笑、声音柔和地拿着自己的热脸去贴别人的冷屁股。隔三岔五地打个电话问问“大爷”：“烦请您百忙之中抽空帮我们付下款！”用自己无比坚定的耐心和恒心去打动对方的冰心。

否则，故作清高的你，得到的结果只能是无休无止的等待以及每个月绩效工资的卑微。

慷慨大方的老公们在将夫妻共有财产扬手借出去，获得对方短暂的感恩戴德之后，并非所有的钱都能幸运地按时回归到主人的口袋。借钱，从理财角度而言，本来就是一件高风险、低回报的“亏本”生意。

生活中，总会碰到那么一些人，在得到你的帮助解决了自己的燃眉之急后，常常遁隐无踪，消失在你的视线之内；又或者照常出现，只是当作什么事也没发生，三年五载的也从来不主动提还钱的事，尽管他早已具备还钱的实力。

此时，好面子的老公往往碍于情面羞于启齿。于是乎，日复一日，年复一年，钱始终在别人的腰包里躺着。想要等到他自己某日良心发现主动归还，自然是遥遥无期。即使，那万分之一的概率被你幸运地撞上，也不知那钱款贬了多少值，缩了多少水了？！

早些年，当我们尚年幼时，老爸一个在外闯荡多年的堂弟由于缺做生意的本钱，找老爸借了5000块钱。在那个两块钱可以买一斤猪肉的年代，5000元对我家来说可谓是一笔巨款。可老爸眼睛都没眨，就把自己做生意收回来的货款直接打给了堂叔。他知道精打细算过日子的老妈肯定不会同意，所以，采取的是“先斩后奏”！

老妈被气得够呛，但无奈木已成舟，只得作罢。起初，老妈顾忌老爸的颜面，也不提催款的事。只是随着我们渐渐长大，学费以及家庭开销的日益增大，财务日益吃紧的老妈眼见堂叔杳无音信，心里不无着急。每次我们开学临近，她一再催促老爸问问堂叔钱的事情。但老爸拉不下脸，死活不肯开腔，并一再嘱咐老妈不要向堂叔提钱的事，他的态度是：“提钱伤感情！他有钱，自然会还！”

老妈很郁闷，反驳道：“谁说他没钱？你又没问！我听人说他在外面做生意赚了不少！况且咱家现在确实也没钱，3个孩子马上开学了，学费都还没着落！我不找他借，只是让他还钱罢了！”

此时，老爸一如既往地保持沉默！以示抗议！

被逼急了的老妈对老爸彻底死心：指望老爸自己去要钱，除非太阳打西边出来。老妈决定自己出马。当然，她事先还是做了一番功课。她不打听不知道，一打听吓一跳。老妈经与其他亲属沟通发现，堂叔当初几乎在所有的亲戚朋友当中借了个遍。

可发达了的堂叔第一时间并没有想起还款，而是在外花天酒地，包了小蜜，每天日子过得潇洒得很，老婆也是抽烟打牌，快活得紧！

老妈一听头都炸了。马上转告老爸，老爸不吭声，继续沉默。于是老妈直接给堂叔打电话，一番寒暄后，直接进入主题："你看，我家3个孩子都要开学了，家里现在实在是没钱，也不能让孩子辍学不是？看看你那边是否可以帮下忙呢？"

老妈说得很婉转，很客气。堂叔继续打太极，装傻，哭穷。老妈也不犹豫，叹口气道："这样吧，我自己先尽力凑凑，我大女儿考的是北京的大学，反正你也在北京，如果到时候实在不够，我再带着孩子去你店里找你！你店里的地址是××吧？到时候你可一定要帮帮忙啊！"

堂叔一听，头大了，玩不了失踪啊！原来老爸以前给堂叔从邮政汇款时，老妈把底单留下了，上面有汇款地址，写的是××店。要是真让老妈找上门去，他脸上挂得住挂不住他倒是无所谓，但关键影响店里的生意就不好了！

于是，堂叔换了副口吻，立马爽气地说："嫂子，你也不用为难！虽然我这也困难，但我还是会尽力的，这样吧，我这手头上紧巴巴只有2000块了，你要不先拿去用？其他的以后再想办法。"

堂叔真是老油条，到了这份上了，还要分期付款！但有总归强胜于无，老妈于是满口答应，千恩万谢一番！看看，欠债的是大爷，讨债的是孙子不是？

这毕竟是老妈老公的弟弟，也是从小玩到大的朋友，不能像对待陌生人一般粗鲁无礼，只能客客气气，委曲求全。你的钱到了别人口袋，就不再是你的了！别人要是不主动给，当“老磨”，你要往回拿，如黄世仁般暴力和镇压解决不了问题不说，还会把老公的面子丢个精光，落个“眼里只有钱，没有亲情”的骂名。

所以，身为老婆，当大男子主义的老公不为所动之时，你只得身先士卒，并对对方晓之以情动之以理，打“哭穷牌”的同时，再暗中施以对方压力，让其不得不缴械投降。

当然，胜利只是阶段性的。剩余的3000元余款，咱还得发扬“不抛弃，不放弃”的精神，继续义无反顾、勇往直前。毕竟咱小家小户的，挣俩钱也不容易不是？！

待我们长大成人，老妈一直以此事警戒步入社会的我们：借钱容易，要钱难！老妈那5000块是好赖要了几次才要了回来，不过拿到最后一笔钱时，猪肉已经涨到了10多块钱一斤，已经吃了大亏了。不过相比于至今还没要到钱的其他亲朋来说，我们家算是万幸了！

都说欠债还钱，天经地义。可在实际生活中，常有一些借钱者过后却只字不提还钱的事，记忆发生短路。此种情况一般分为两种情况：第一是真的忘记了，第二就是“揣着明白装糊涂”。所以，管家婆们在碰到此种问题时，千万不要指望老公开他的金口，因为爱面子的老公往往难以启齿，而拖拖拉拉的结果，很可能就是肉包子打狗——有去无回。退一步说，时间长了，哪怕就算是要回来了，可算上通胀因素，那也已经是为他人作嫁衣裳，没多大意义了！此时，我们一定要做要债的先头部队。该催则催，该要就要。

当然，我们在催款过程中，也要讲究说话的艺术。对于前一种“确实忘记了”的情况，我们可以适时地给对方予以暗示，当对方明白过来，表示真的忘了，你也可以大度地表示自己并不急于用钱，更没有讨债的意思。当然，对于还钱心切的欠债人所许诺的还钱日期也没必要推迟。

而当遇到那种“揣着明白装糊涂”的装傻类型，暗示对于他们来说就是瞎子点灯白费蜡。我们只能直接向对方挑明，并适时地诉诉苦，毕竟都是血汗钱，还钱也是对别人的一种尊重。

救急不救穷，学会对一些借钱人说NO！

在家靠父母，出门靠朋友。朋友多了，路好走。借钱是男人人际交往中不可或缺的一环。当朋友落难时，向朋友伸出经济的援助之手，雪中送炭之举方能彰显朋友真意！

然而，假如朋友一味困窘，不思进取，每日坐吃山空，只等救济。那你的援助无疑是助纣为虐。

借钱是一个理财难题，对于自己辛辛苦苦攒下的血汗钱，盲目自大地充当梁山好汉，那就相当于将别人的经济枷锁直接套在自己的脖子上。

借钱是一种哲学，面对不同的借钱对象，借还是不借，什么时候该借，都需再三斟酌，仔细思量。古语曰：“救急不救穷！”对于一些只想借钱度日，或者是只顾自己潇洒，置朋友欠款于不顾的人，要想避免借款变成“呆坏账”的最佳途径就是掐断源头——学会对借钱人说“NO”！“救急不救穷”是一种明哲保身的策略。

我们公司老板身价上亿，老家在安徽的他是位典型的凤凰男。

每次回老家，他必定会乔装改扮一番。宝马车扔在县城丈母娘家，脱下高档西装，套上一件破棉袄，穿上破棉鞋，挤上人挤人的破公交，摇身一变，将自己打扮成一副落魄样，灰头土脸地回家了。虽然为此他得不到乡亲羡慕的眼光和耀眼的光环，但是，他得到的却很实惠！

老板说，他以前曾开着轿车、一身行头地回家，派头倒是大得很！可是，接二连三、层出不穷的亲戚朋友的借款让他实在难以招架。而且大部分钱都打了水漂，根本都要不回来。他自然是难以启齿，他家中的父母曾试探性地问过，别人往往嘴巴一撇，道：“不是说你儿子很有钱吗？随便拔根寒毛，都比咱的腰粗！哪还在乎咱们这一点半点的？！”

这让他感觉很不舒服。他并不是一个忘本和冷血的人！但是，他的钱来得也不容易！每天杯觥交错，迎来送往，溜须拍马，熬成了40岁的年纪，50岁的外貌，60岁的身体。他不是慈善机构，可别人把借他的钱都当成了理所当然的赠予。

为此，老板娘意见更大。而这个“金凤凰”变“落魄鸡”的馊主意，就是老板娘想出来的。为此，老板娘直感慨：这也是被逼得没办法！什么面子都顾不上啦！如此一来，每次回家，他家都是门可罗雀，更别提借钱的人了！

不过，老板娘说：真正碰到急的，有难处的，他们还是会假借父母之手予以帮助！毕竟乡里乡亲，谁也不会眼睁睁地看着亲戚遭难而不管不顾！也有那讲信誉，吐口唾沫砸个坑——出口有分量，说什么时候还就什么时候还的，对于这些人，她心里敬重有加，有借有还再借也不难！

老板已经功成名就，他不在乎别人对他的评价，所以，他对于部分借钱者的拒绝方式很特别，对他来说，借钱所带来的一时“虚荣”快感已经不再重要。

然而，对于大部分普通的工薪阶层而言，要想达到他那种超高心态，还是有难度的，估计需要修炼多年。不过，好友子诺对于借老公钱者Say NO的做法倒是值得大家一鉴。

子诺的老公文涛为人豪气，交游广阔，朋友众多，靠父母的资助有房有车，家里经济条件不错。时间长了，一来二去，找文涛借钱的朋友日渐众多，不是做生意，就是装修、讨老婆，再不然就是资金紧张买个车之类的。

子诺和老公都是普通的工薪阶层，他们也在计划要个孩子，双方父母为了他们的房子和车已经倾尽全力，所以，孩子的养育问题肯定得他们自己解决。可接二连三的借钱事件让他们很难攒下多少积蓄。

黔驴技穷的子诺最后想了个办法，她对文涛说："下次再有人来借钱，首先不要再打肿脸充胖子了，把我们自己的实际经济情况向对方进行明确的讲述，如果你想说得再惨一点，我也没有意见！其二，如果对方确实是比较困难，需要应急，本着'救急不救穷'的精神，为了不驳回对方的面子，我们干脆就坚持一项原则：不要借，干脆就送！"

一番话把老公听得目瞪口呆。子诺娓娓地分析道：如果对方开口借钱，我们首先要明确地向对方表明自己经济的窘迫，估计，此招会让部分借款者知难而退。如果还不凑效，我们就采取方案二。对方要是借1万块，我们就送他1000块，对方要是借1000块，我们就送他100块。

这样既能表明你的无能为力，又能聊表你的心意。不过估计，朋友也不好意思要，你也能得个人情。即使朋友确实困难，接受了，你也丝毫不亏。试想，1万块钱借出去两三年，对方要是不还，1000块连银行利息都不止了，就当把银行利息送给他，但是至少保证了本金的安全。这样一来，知趣的朋友也就不会再开口向你借钱了。

借钱是一门艺术，要分清时间、地点和对象，也要讲究个天时、地利和人和。Say NO并不是一成不变的。要搞清对方借钱背后的玄机，摸清对方的脾气性格，为人处世的风格，分清楚事情的轻重缓急，见机行事。

当对方确实已经到了岌岌可危的地步，比如得了很严重的病，在重症监护室里待着，就等着“钱”去救命，人命关天之时；又或者钱包被偷，在外山穷水尽之时……咱终究不能坐视不理、一毛不拔，否则，终归要接受良心的谴责、寝食难安。

而对于一些道德沦丧、名声不佳，或者借款目的不纯，讲究排场，为了满足一些奢侈而荒唐的消费的公子哥类型的借款者，为了使自己的血汗钱免于被荼毒的风险，我们完全可以理直气壮地对对方说“NO”！

过犹不及，管钱的最高境界是管心

第七章

具有生活智慧的女人深知“过犹不及”的道理，常常会给老公一个适度的财务空间。“管钱”和“管心”两手齐抓，才能制胜千里，彻底看牢自己的老公。

管得住钱，不一定拴得住男人的心

《蜗居》里老实本分的苏淳绝对算是好男人、好老公。把老婆捧在手心里，疼老婆，老婆生气时会想方设法逗老婆开心。不乱花钱，无论发薪水、奖金还是外快，统统交由老婆海萍统一打理，心甘情愿接受老婆大人的监督和指导。

最开始，海萍的蜗居生活是令人艳羡的。虽然穷，蜗居在一个几平米的小屋，但是海萍作为管家婆无疑是成功的，因为她既管住了老公的钱，又管住了老公的心。可是随着生活阅历的不断增长，海萍渐渐变得势利起来，被房子所迫的她满脑满眼逐渐只剩下了——“钱”！

她对自己和老公前所未有的苛刻，每天除了面条还是面条，打长途电话按秒计时，到点就掐。物质上的折磨，苏淳倒也都能忍受。可是，海萍在精神上并没能放过他。备受房子挫折的她不断地埋怨、打击和贬低老公，不让他得到一丝一毫的休息，以此鞭策老公上进，挣大钱！

海萍觉得自己是家里的管家婆，老公对她只有唯命是从，她也从来没有顾及老公的感受。所幸，苏淳对她死心塌地，也没有艳遇，在被海萍精神虐待的那段日子里，也不过是摔门跑出去蹲在路边，抽抽烟，喝点凉风。

海萍管着家里的钱，老实巴交的苏淳没才没色，更重要的是没钱，兜里那几个小钱，够他坐车、抽烟和吃饭就很不错了！所以，他是绝对不会有任何出轨的机会！

从经济上扼住老公的咽喉，任凭老公再折腾也掀不起什么大浪是海萍们一厢情愿的想法。而且，这充其量只能算是“管住”老公钱包，却不能称之为“管好”老公钱包。

也许，“管住”老公钱包，将老公治理得服服帖帖，对于一些无才无貌，无色相无脾气，甘当包子，对女性不具备任何杀伤力的老公们而言会有成效。但是，这样的老公毕竟是极品，实属罕见！

试想：哪个男人没点脾气？任由老婆胡掐乱捏？不吭声，不代表同意，也许只是敢怒而不敢言罢了！等哪天真的触怒了肝火，触动了他的爆发极限，也许，女人们只能抱着一堆人民币哭泣！

况且，有些男人本身就属于招蜂引蝶的品种，越老越有成熟魅力，就算他不主动出击，也会有三五成群的女人犹如飞蛾扑火般主动撞上去。她们不仅不要分毫的财物，反倒嘘寒问暖、关怀备至，甚至拿自己的私己钱出来倒贴。

彼时，压抑的老公在家里的“河东狮”和温婉可人的竞争者之间就很难取舍和抉择。“管住”老公钱包这招就很可能失灵。

同学亦军大学毕业后，弃笔从戎，到部队挂职，经过几年历练，拼了个正营的头衔。可风光无限的亦军却是家有“猛妻”，他老婆雪玲好吃懒做，不愿上班，而且还是个狠角色，把亦军的钱管得死死的。

亦军在部队基本没什么开销，吃饭有饭卡，穿的是军装，住的是宿舍，水电自然也就无从提起。所以，管着钱包的雪玲，每个月只给亦军200块零花钱。

尽管这样，亦军也觉得没什么，反正他花钱的地方确实也不多，平常工作也忙。可老婆雪玲不仅如此，却基本忽略甚至是漠视他的心理感受。亦军老家在农村，而且是家中的独子，按老人的意愿，延续香火生个孩子是理所当然、天经地义的事情。可雪玲为了保持身材，死活不同意要孩子。

她还时不时地地打击亦军：“就你这点工资，能养活我就已经很不错了！还指望生孩子呢？！还是等你哪天混到正团级再说吧！别糟蹋了我这好身材！”

说完话题一转，继续：“你说你啊，怎么升职得那么慢呢？你看看老王，和你一块进的部队，他现在都是副团级了。现在老王老婆一见到我就一副趾高气昂、高人一等的跩样！这些都是拜你老人家所赐！”

一席话将亦军堵得气血翻涌，无可奈何。要知道，他每天在部队里忙得团团转，起早贪黑，没日没夜地加班。扪心自问：自己工作已经是够努力，够上进的了！其中的艰辛老婆不体谅也就罢了，还要将自己一棍打翻，全盘否定。这让他为之气结！

可手拽家庭财产的雪玲觉得老公根本逃不出她的手掌心！他们唯一的固定资产——房产证写的是她的名字，只要老公有变，她就将房子卖了，远走高飞，或者将卖房子的钱花得一干二净。总之，不让亦军讨到好处！

亦军无奈地回到了部队。而后两年，亦军在工作中遇到了一位女孩冰儿，温柔可人，善解人意，对亦军青睐有加，没事总喜欢往亦军那跑。当得知亦军已婚后，她还是表示可以等待！无论亦军贫穷还是困苦！她都不会抛弃！

面对冰儿如此柔情的表白，深受老婆压迫的亦军自然难以招架。经几番周折后，亦军毅然决定净身出户，与雪玲离了婚，娶了冰儿。

留下雪玲抱着那栋房子独自嗟叹、垂泪！假如雪玲能在管理钱包的同时，也好好经营与老公的感情，那样，他们的婚姻也会成为一座攻不破的堡垒。

只有金钱的生活是悲凉的，是没有什么幸福感可言的！我们管老公钱是为了不让老公乱花，为了家庭的和谐幸福，如果只是管好了钱，没有经营好感情，婚姻自然是难以长久。所以，我们一再倡导“管好”老公钱包，而不仅仅是“管住”而已。

唐太宗李世民励精图治，虚怀纳谏，厉行节约，使百姓休养生息，国泰民安，创造了大唐盛世。国家被他管理得很“好”。而商朝君主纣王刚愎自用、居功自傲，荒淫无度、穷奢极欲，使得国库空虚，民不聊生，虽然在位统治52年，但那充其量只能算是“管住”国家罢了，而不是“管好”了国家。所以，终落得个武王伐纣、俘虏倒戈相向的结局。

一个好的领导，要“管好”部门员工，并不是仅提供优厚的报酬即可，还要以德服人，创造良好的部门文化和工作氛围。否则，即使能利用薪水短期“管住”员工，可一旦遇有风吹草动，下属离职跳槽，各自飞的结局亦不难想象！

王熙凤堪称女中豪杰，无论是情商还是财商都令众人折服。她能将整个贾府的财政打理得井井有条，收租查账，放高利贷，买田买地，样样做得滴水不漏。

府里的每个人都对她又敬又怕，她的丈夫亦不例外。贾琏在背地里评论自己的老婆道：“睡觉都睁着一只眼！”可即便如此，贾琏还是选择“绿杏出墙”，偷娶了尤二姐。

所以，管理老公的钱，仅仅利用经济手段管住钱，显然是远远不够的，我们还需拴住老公的心。“管好”就要让老公心服口服，让老公心甘情愿地接受，并认为自己的选择正确。“管钱”和“管心”是双胞胎，只有双管齐下，才能将老公的钱包“管好”。否则，形式大于实质的结局则必然是“被水覆没”的结局。

男人是“面子动物”，让老公颜面扫地是大忌

家里有了钱，女人一般爱看房产，男人则更爱看车展。因为房子买来不能背在肩上，车却可以驾着出去东奔西跑。坐骑的升级可以让男人倍感有面子。男人

是“面子动物”，男人爱面子，已经成了一个众所周知的命题！

所以，我们在管理老公钱包时，一定要顾及老公那大男人的脸面，不论老公私底下对你如何地宠溺和迁就，但是，在别人面前，作为老婆，一定要给老公撑足脸面。如果在外人面前，你总是骄横跋扈，揭老公短，老戳他的“蹩脚”，让老公颜面扫地，这不仅管理不好老公的钱包，还极有被颠覆夺权的可能。

亦军的前妻雪玲就犯了男人的大忌。尽管老公一再哀求，不生孩子已成为父母亲朋好友茶余饭后议论的话题，让她顾忌父母的脸面，适当做一些牺牲。可雪玲依旧我行我素，指责亦军是乡巴佬，老思想！

亦军部队里哥们多，逢年过节，为人热情、手里没钱的亦军喜欢领着独在异乡的哥们到家里小聚，热闹一下。可为人小气的雪玲，总在厨房摔摔打打，闹情绪，完全不顾及亦军在客厅招待朋友尴尬无比的脸面。

亦军在部队兢兢业业，恪职尽守，值班加班几乎是常态。熬了两眼通红回到家，雪玲反倒唠唠叨叨，劈头指责：“你可真够没用的！累死累活的，爬得比蜗牛还慢！”

所以，亦军在最后离婚时，对雪玲说：“钱和房子都给你！如你所愿！你现在终于可以摆脱我这个腐朽思想的乡巴佬，喜欢交友却蜗速爬行的窝囊废了！而我，也终于可以在亲朋好友面前摘下头上这顶戴了七八年名叫‘妻管严’的帽子！”

雪玲后悔了。她曾红肿着眼睛找到我，希望作为亦军好友的我能劝劝他。任性自我的她最后依旧不认错，只是一再指责亦军的背叛，作为旁人的我根本无从评判，但我却深知亦军的决绝和义无反顾。最后，我只对雪玲说了一句话：“他觉得自己颜面扫地无法回头，男人是‘面子动物’！”

只可惜，在我身边，不懂甚至漠视这个道理的女人却不乏其人。

经理荆成很郁闷。身为外企财务总监的老婆不仅掌管着家中财权，而且还时常当着外人让他下不来台。当别人问及两口子工作时，老婆话里话外地满是透露自己的能力和对老公的不屑。

一次，荆成和老婆请朋友吃饭。结账时，荆成一摸口袋钱不够，只得打趣道：“还是得我家财务总监出马！”

朋友就顺嘴开了句玩笑：“你俩不会是赶时髦，AA制吧？”

没想到老婆立马一本正经地揶揄：“光靠他那点工资，我和他AA，早都要饿死了！”

荆成和朋友的笑容立马凝固了。为此，荆成郁闷地感慨：你们看我是经理，可是在家的地位还不如人家上门女婿！

也许，荆成老婆在事业上是成功的，然而，在家庭中，却不是一位聪明的老婆。她这种有意无意透露出来的优越感让荆成在朋友面前很难抬起头。

聪明的女人不是以嘲讽老公，折损老公面子为乐，而是极力维护老公的面子和尊严，通过各种“花言巧语”和“技术手段”激励和鼓舞老公积极进取，自信地迎接生活和事业的挑战。贤惠的管家婆才能让老公更为信服，才能被老公视为自己的红颜知己。

相比之下，上个事例中亦军的现任妻子冰儿则是要聪明得多！冰儿为人和善，在亦军没办妥离婚手续之前，他俩都是相敬如宾，不曾跨越雷池一步。当亦军净身出户去找她，她微笑着牵起亦军的手，鼓励他：“一切都可以重新创造！我相信你行的！”

在外人面前，冰儿总是一副小鸟依人的模样，唯夫是天的样子。但其实，在家里，大多还是冰儿说了算。但冰儿会给老公撑场面。朋友相约夫妻二人吃饭，赴约之前，冰儿会先在丈夫钱包中放入一沓钱，或者一张信用卡。等饭局结束，亦军从钱包中掏出钱，豪爽付账，让一旁被老婆管得死死的朋友惊奇不已。

当场就有朋友问亦军：“嫂子不对你进行‘经济封锁’？”他哈哈一笑：“在家当然是我做主。”看着朋友投来羡慕的眼光，亦军的自尊心得到空前的满足。朋友同事来亦军家串门，冰儿都是笑脸相迎，忙前忙后，给足老公面子。

待朋友走了，亦军心里感激，必定要给累得腰垮的老婆按摩一番，转而更加勤奋地干家务。没过两年，冰儿为亦军生了个白白胖胖的大小子，这可把亦军乐坏了。

春风得意的亦军不无感慨：“换了老婆，就跟重新投了一次胎！我现在总算觉得自己还是个男人！”

我们要监控老公的钱包，同时也要维护老公的面子，让老公在人前自信满满，感觉自己很“Man”。可是，我们也一定要把握这个度，不能一味地放纵和顺从。对于老公的基本颜面和自尊我们一定要坚决维护，但是对于一些超于常理之外，明显属于打肿脸充胖子类型的面子行为，则是要坚决地予以制止。

以冰儿给亦军钱包塞钱为例。她不会把全部家庭存款都塞进去，根据亦军他们所去的餐厅、人数，她会先对所花费用进行一个大致的衡量，然后再决定塞钱的数量。比如，估计亦军这次的花费大致为500元，她会塞700—800元。为预防突发事故，以备不时之需，她还为亦军准备一张用自己联系方式办理的信用卡。老公在外消费多少，冰儿都会收到短信，对前者的消费能够起到监督作用。

不可否认，冰儿的做法值得借鉴。可是，事情总是双向的，冰儿给足亦军面子，亦军也懂得进退，没有随意挥霍冰儿的信任。可是，有些老公不一定像亦军般通情达理，此时，难免要使些“狠手段”。

我老公一度迷上了麻将。每逢周末，几位朋友相约而来，三缺一，碍于面子，老公不去不行！而且常常一玩就是通宵，整个周末疲惫不堪，把家里的生活秩序完全打乱。孩子叫嚷着要去公园，老公还在床上呼呼大睡，又哭又闹的孩子把我折磨得疲惫不堪；独自带着孩子挤班车去超市购物，拎着大包小包，背着孩子，累得满头汗；孩子半夜发烧生病，老公还在麻将桌上，手机关机……

如此种种，都是为了给老公的“面子”买单。最终，我义正言辞地对“死要面子活受罪”的老公下了最终通牒：如果再这么通宵达旦地玩下去，不对朋友说“NO”的话，可别怪我不讲情面，不给你留面子！凡事适可而止！其后，心怀愧疚的老公收敛不少！

假如我不指出来，一味牺牲自己，顾全老公的“朋友大局”。也许，今时今日，老公不仅要日渐缺失对家庭的责任感，恐怕还会成为一位典型的“赌友”，说会倾家荡产也毫不夸张。

男人爱面子。我们管理老公钱包之时，如果丝毫不顾及老公颜面，人前人后唯恐别人不知自己管家婆的“崇高”地位，不懂得维护老公尊严的女人很无知，也很二百五。但同时，一味地做出牺牲，只为顾及老公颜面，只会让他更加放纵，让他习惯成自然。所以，给老公留情面也是一项技术活和心理战术，审时度势，把握“面子”度，是每一位老婆的必修课。

“老公监控器”只能让他越走越远

凡事皆有个“度”，管理老公钱包亦是如此。随着科技日新月异的发展，手机监听、电脑监控、车辆GPS定位系统等监控设施如雨后春笋般层出不穷。有了这些高科技装备，即便你足不出户，也能随时随地掌握老公的行踪和变化。

然而，凡事有利有弊。千万不要高兴得太早！要知道，你的得意必定是建立在老公的痛苦之上。任何人都有自己的隐私！即便是夫妻，但每天被自己老婆监控得死死的，一点隐私权都没有的生活相信会令所有有自尊的男人暴跳如雷！无论老公是否有越轨或出格的行为，“监控器”只能是让他越走越远。

姐姐闺蜜佳一有一个幸福美满的家庭，老公是一家外企经理，待遇优厚，上小学的儿子成绩优异、聪明伶俐。佳一在家相夫教子，老公对她疼爱有加，并将钱悉数上交由她来统一打理。然而，这种波澜不惊的生活随着朋友的一次无心之词给打破了。

一次，一个久违谋面的女同学到上海旅游，顺道到佳一家造访，受到了佳一夫妻俩的热情款待。女同学高中时就比较八卦，临别之际，她装作无心地将佳一拖到一边叮嘱道：“男人是越老越有魅力，更何况你老公长得风流倜傥，最招小女生喜欢！所以啊，你得注意自己的形象，稍稍打扮一下，别为了家庭一味牺牲自己，到时候可没有‘后悔药’吃！”

一番话把佳一平静的心情一下打乱了，她嘴上对同学自信地说：“我家老王不是那号人！老实着呢！”但肚子里却已开始打鼓：虽然钱已上交，那万一真碰上个不要钱倒贴的主呢？而且最近老公总是加班到很晚，有时甚至是夜不归宿，这可是以前从未发生过的情况。老公说是要赶一个项目，但现在看来，他不会是骗我的吧？他难道背着我藏私房钱，养小蜜？

送走了女同学，佳一越想越觉得老公可疑。她突然想起自己以前在街头收到的一张广告传单：手机定位器——锁定你的“他”！

于是，佳一开始着手打听手机定位器的事情。经过一番折腾，她最终从广告中的那家公司拿到了一枚小小的芯片！耳边犹在回响销售员的话：即便你老公远在千里之外，这枚芯片也能帮你精确定位！

佳一把自己"挽救"爱情和家庭的希望全部寄托在这张卡片上，趁老公睡着，她偷偷地将芯片植入老公的手机里！

而后，只要老公晚归，她就电话询问老公行踪，得到的答案一般都是在办公室，而这与卫星跟踪电话所反馈的信息一致，她终于将自己那颗悬着的心放了下来，直到2个月前的那次"宾馆邂逅"！

这天晚上8点多，佳一等孩子睡觉后，像往常一样躺在床上给老公打电话，确定老公在办公室后，她洗漱一番后又轻车熟路地拨通了卫星跟踪电话，然而，得到的答案却是：老公目前身处离公司20多公里的一家宾馆内。

这让佳一头"嗡"地一声响，失去理智的佳一马上起床，打车，出发赶往那家宾馆。她要亲眼见识一下那个平常温良儒雅的老公究竟以一种怎样的形式背叛她？！

在宾馆一楼的餐厅内，她果然看到老公老王正和一位气质女旁若无人、交谈甚欢地挨坐在一起。她气急败坏地冲到老公面前，用手指着他，质问道："你不是加班吗？怎么加到这来了？"

老王见到老婆突然如鬼魅般飘到面前，吓了一跳，说："咦！你怎么知道我在这？"

"我不在这，怎能看你的好戏呢？"佳一几乎快嚷出来了！

就在这时，两个男人从卫生间走了出来，拉开佳一旁边的椅子坐了下来，翻开菜谱，问道："老王！小张！你们点菜了吗？加班加得肚子都饿扁了！赶紧补补！"说完，听到没人吭声！才抬起头，注意到佳一的存在，其中一个认出来佳一说：“咦！您是王夫人吧？”佳一尴尬地点点头！

对方继续恭维道：“王经理电脑桌面是你们一家三口的全家福！没想到王夫人比照片上还年轻漂亮呢！王经理可真有福气！”

此时的佳一恨不得能有个地缝钻进去！到这时，她才知道自己的无端猜测是多么的无知！她讪讪地打了个招呼，借口说逛街路过，溜回家去了！

可精明如斯的老公并没有被她蒙过去！搞技术出身的他思来想去，觉得老婆最近不太正常，没事就电话查岗。已经晚上9点，平常她早睡了，怎么可能还在逛街？而且还这么巧合地邂逅呢？

他正想着，起身去倒茶喝，无意中胳膊碰到桌上的手机，手机甩开了。在组装手机之时，老王发现了那枚细细的芯片！获悉真相的他又气又急，不知自己在老婆心目中，何以信誉度如此低下？

他回家冲佳一大发了一通脾气，并警告道：“如果你再继续这么做！别怪我假戏真做！”

曾听人说过：嫁人要嫁灰太狼，做人要做喜羊羊！傻人有傻福！掌管老公钱包的我们，千万不能过于“小心眼”，给老公加装“监控器”的鬼祟行为，对于挽回老公的心很难有所裨益，只能是让他越走越远！

管钱的最高境界是“管心”

最近有一则笑话很火：

少妇报案：“我把钱放在胸衣内，在拥挤的地铁内被一帅哥偷走

了……”

警察纳闷：“这么敏感的地方你就没觉察到？”

少妇红着脸答：“谁能想到他是摸钱呢？”

此事给我们的重要启示：管老公钱的最高境界是让对方的钱在愉快体验中不知不觉地被搜走！让老公心情愉快，管住老公的心，家庭和谐，才是管钱的最高境界。

有一则通俗的说法就是：管男人，必先管住男人的胃！何为？因为厨艺高超的老婆做出的色香味俱全的饭菜，不仅能抓住男人的胃，更重要的是通过美食的体验，让男人心情愉悦！乐不思“出”！可见，管“胃”也是奔着管“心”的高境界而去。

那“管钱”自然也是想达到同样的目的。只是，“美食”吃得久了，老公还是会想换换口味，而“钱”这一“硬货”却是男人们亘古不变的必需品！

职场上，跳槽早已不是什么新鲜事。人们在不同的公司里来回跳跃，有些是为了寻求更为丰厚的报酬，有些则是“平级跳”，纯粹是为了寻求一种宽厚、和谐、人性化的工作氛围。也有更多的人不堪领导的强制压迫与管理，情愿失业在家，也要炒领导“鱿鱼”！

台资和日资企业的管理之严格令众多国人望而生畏，薪水高？还是心情要紧？清华紫光集团总裁张本正说：“管理的最高境界就是去除管理！”去除管理并非不要管理和管理制度，而是主张人性化的管理，平等、关怀的管理，让员工感受不到管理的存在！同样，管家婆们在掌握老公财权时，如果一味追求手里掌握“钱财”，而不顾老公的喜怒哀乐，只怕落得个“官逼民反”、夺取“政权”的结局。

当然，管家婆们在管理老公钱包时，也要根据不同的阶段采取不同的管理方式。假如你的老公正处于挥霍无度、嗜赌好酒无度非正常生活状态时，要想及时勒住这只脱缰的野马，初级阶段的野蛮“经济封锁”方式显然更为适用。

跑货运的李叔一度沉迷于赌博，在一帮狐朋狗友的引诱下，渐渐坠入赌场那个无底的深渊，货运不跑了，老婆孩子也不管了，一门心思奔赌场。任凭李婶如何威逼利诱，苦口婆心，软磨硬泡，依旧不能撼动他那颗炙热的“赌心”。

最后，绝望的李婶听从了母亲的建议，将李叔的财权夺下，对他进行严格的经济封锁，并对所有的亲朋好友、同事同学放言：“要是谁敢借一分钱给老李，可别怪我翻脸不认人！”

为此，李叔一度想要殴打李婶，但李婶坚决不给钱！李叔无计可施，只得在家抽闷烟。一段时间后，李叔对赌博也就渐渐冷淡了。

见老公渐渐步入常态，李婶红着双眼，将一双上小学的儿女推到李叔跟前，劝道：“人言‘十赌九输’！孩子还小，为了这个家，我说什么也得管住你，管住你的钱，你别怪我对你苛刻！”

看着强忍泪水的老婆，一对乖巧可爱的儿女，李叔默然无语！自那以后，他——戒赌了！

管钱的最低境界是野蛮夺权，单纯管钱，与愤怒的老公争相抗衡，这是非常时期采取的非常政策。管钱的最高境界则是“管心”，“无为而治”让老公感觉不到“管理”的存在。

都说婚前多长一只眼，婚后闭上一只眼。如果管家婆们对每一件家庭琐事都细细追究，在老公的零花钱上锱铢必较，并不能称之为一个高级的管理者。这样的管家婆很容易被老公解雇！

一个女人素质和水平的高低，是从“管钱”能否达到“管心”层面的基本要素。

朋友晶晶是一位私营企业主，老公是警察，没日没夜地奔忙！两口子聚少离多，但却恩爱无比！老公对晶晶宠溺无比，工资卡、奖金、福利全交给老婆打理。身边的女性朋友都纷纷向她讨取管理经！

晶晶云淡风轻地说道：“其实，我的法宝就是‘管心’！”晶晶虽是私营企业的老板，其收入远远超过老公。但晶晶在老公面前从不显摆，对老公特别放心，一副“无为”的姿态，这让老公感觉轻松自在。晶晶对待公婆也如同亲生父母，为此老公对她感激涕零！

其实，晶晶和老公的感情并不是一帆风顺的，其中也曾出现过危机。2年前，待业在家的晶晶平时没有事情可做，把所有的精力都放在老公身上，对其一举一动都高度监控。这种高压政策，让晶晶老公不堪重负。

终于，有一天，老公向晶晶发了一顿脾气，她才意识到情况不妙。此后，晶晶积极转变生活重心，不仅上网学习相关的心理学知识，还开始打造自己的事业。事实证明，有自己事业的女人，就是不一样，自信的魅力自然而然由内往外散发。

晶晶每天的时间，都被生意充实得满满的，没有再像以前那样向老公问东问西。时间一长，突然失去了晶晶无微不至“问候”的老公开始若有所失，开始着慌！老婆到底在干嘛呢？

于是，他开始积极主动地向晶晶汇报自己的动向。彼时，晶晶豁然开朗，她突然明白了欲擒故纵的道理！

其实，虽然她这段时间忙于工作，却并没有就此忽略对老公钱包的管理。一有空闲时间，她就会利用电话银行、网上银行以及信用卡等，关注老公的消费和资金动向。因为把握住了大方向，她没有像平常一般详细询问。这却让老公产生了“无为而治”的错觉。

为此，晶晶感慨道：我们在管理老公钱包之际，务必要切实抓好“人心工程”，以管心为目标。充分施展你的“婚心计”，把准老公心里脉搏——欲擒故纵。它不仅仅是恋爱期的手段，更能延续成为婚姻中维持和谐和管好老公钱包的不二法门！

“放”——不“管”，也不“抓”，让老公心甘情愿地拜倒在你的石榴裙下，拜倒在你永不衰退的自信魅力上！

夫妻齐力“淘金”，让幸福和钱包一起满满

理财产品花样繁多，投资市场千变万化，管家婆们单打独斗势必势单力薄。充分调动老公理财的积极性，夫妻齐心协力共同理财。

大额支出，独揽大权不如民主协商

当我们在与老公的家庭财权PK战中脱颖而出，独占鳌头，稳稳地坐上家庭CEO的头把交椅，并不意味着我们就此可以一手遮天、独断专行于天下，让家庭财政成为我们的“一言堂”！

当上管家婆，日常的柴米油盐，琐碎的财政细节，自然可以不用事无巨细地向老公一一汇报！但是，碰到一些大额支出，尤其是涉及到家庭财务安全的，我们一定要发扬“民主”精神，将“协商”进行到底！

正如孔子所言：“三人行，必有我师！”由于男女思维方式和思考角度的不同，“民主协商”对于家庭财务支出安全起着至关重要的稳定作用。涉及数额较大的支出，聪明的老婆绝对不会擅自做主，一定会与老公及时沟通。

因为这不仅是“多个人，多份智慧”的事情，更是关乎到老公作为家庭最主要成员之一，能否获得尊重与知情权的大计！否则，不仅容易造成投资失误，而一方独强的婚姻更是迟早难逃土崩瓦解的厄运。

同学琳琅自学生时代就是位女强人，无论学习还是体育处处争强好胜，颇为拔尖。毕业后，凭借自己的实力也顺利当上了部门的女经理，在部门里从来都是雷厉风行，说一不二。而她的这种工作作风显然亦已潜移默化地带入到了她的婚姻生活之中。

琳琅在婚后顺理成章地将老公大全的财权一把抓来，统领家庭全局，家中无论大事小事一律由她说了算。老公花钱，需向她汇报。而她自己即便是天大的事情也不跟老公商量，俨然一个独断专行的“家庭女皇帝”！

大到朋友应酬、加油开车、出差出行，小到吃饭穿衣、纽扣针线、包子汤圆，哪怕是芝麻绿豆点的小事均得通过琳琅的审核。当琳琅眉飞色舞地向我们吹嘘自己对老公的管教之时，我们常常惊叹于琳琅过人的精力和细致的洞察力。

可是，把握着家庭财权的琳琅无论是买房买车，甚至是投资，却从来不会过问老公大全的意见，一般都是自说自话，想干就干。决策阶段直接漠视老公的存在，等到万事搞掂，方会如梦初醒般告知一声。

对此，我们曾不止一次地向她谏言：小事倒是无所谓，但是大事还是不要独揽大权的好！还是得跟老公商量！老公作为你的另一半，至少不能被剥夺最基本的“知情权”！

可琳琅对此嗤之以鼻：“他除了知道搞研究，哪里懂什么投资啊？就他那个后知后觉的劲，不要拖我的后腿才好！”

可是，琳琅忘记了：她虽在事业上颇有建树，但她并非完人！她的每一次投资并非都是无可挑剔的，也有输得一败涂地的时候！

几年前，琳琅老家民间借贷火热，不少人靠着借贷发了大财，买了房，也买了车。在亲属的一再煽惑下，手中有俩闲钱的琳琅心动不已。禁不住诱惑的她，不顾老公的劝阻，义无反顾地放了10万元出去，2分息按月支付，借款期为2年。

刚开始，对方还按月付息，琳琅对此呜呜自得！可好景不长，不到半年，就传出债主破产，资不抵债，负债潜逃的消息。这让琳琅两眼摸黑，2年过去了，债主犹如人间蒸发一般没有任何的消息，10万块几乎就是打了水漂！

这让老公大全如鲠在喉。被老婆管得死死的他，却始终是敢怒不敢言！其实，大全学识渊博，勤奋踏实，只是为人老实，寡言少语，博士毕业的他原先在上海一家研究所当研究员，后因实在不堪老婆大人的财政重压，在朋友的应邀下，背井离乡，与朋友在杭州一同创业！

时间长了，两地分居的结局自然不落俗套：大全外遇了！琳琅获悉真相后暴怒，追到杭州把小三暴打了一番，并将为大全外遇买单的朋友狠狠地痛斥了一番！大全为了孩子没有选择离婚，当琳琅一把鼻涕一把泪地向他控诉自己操持着整个家的艰辛与不易时，大全吼道："我在家又怎样？在家，我还像个男人吗？我还有说话的余地吗？你从来都没有把我当成一个男人来看！可是，'她'却帮我找回了作为一个男人的尊严！借那10万块，我说不要借，钱借出去就不是我们说了算的！可你冲着那点利息，非得说我是缩头乌龟，畏首畏尾，成不了大器！结果呢？我到杭州来，就是要证明我离了你，地球还是能照样转！"

假如是在以前，琳琅只是一意孤行地认为自己的借贷失败行为纯属偶然，运气不佳。但现在，琳琅才意识到自己独裁给予老公精神层面所带来的负面影响！为了孩子，双方互相退了一大步，大全回上海重新找了份工作，两口子看似和好如初，回归了平静生活。但是，谁也不知道，那件事在他们内心还存留了多少的暗涌？！那件事成了他们心中永远的痛！

应该说琳琅在"财政独裁"上栽了个大跟头，相比之下，朋友姗姗则在"民主协商"上获益匪浅。

姗姗属于外柔内刚类型，人虽长得娇滴滴，但对管理老公却很有自己的一套。她用她的柔情俘获了老公的心。

平时的小事情，她只报喜不报忧，琐碎的小细节也不会整日拿出来在老公耳边絮絮叨叨。但遇到重要支出，她却必定如李世民般虚怀纳谏，征询她的"魏征"——老公的意见，本着民主协商精神，双方互相讨论，再三斟酌。这种在大事上互相掌舵的民主会议，不仅能让老公充分享受到家庭主人翁的满足感，更能腾出精力专注于自己的事业。

在股市上演最后疯狂的那个阶段，姗姗禁不住办公室里日进斗金、捷报频频的诱惑，一度想拿出几万元来杀入股市。

待晚上回家与老公讨论，平常无时间炒股的老公皱着眉头，道：“如今人们对于股市竞相奔走，其火热和疯狂之程度令人咋舌！你我皆对股市了解不多！但我却深知‘上帝欲将其灭亡，必先让其疯狂’的道理，所谓‘盛极必衰’！咱们还是谨慎为妙！你说呢？”

一番话，说得在情在理，姗姗点头默允，遵从了老公的建议。而随后股市的高台跳水，让姗姗庆幸于自己的家庭“民主协商”制度。

如此一来，姗姗这一管家婆当得是风生水起！家庭收入稳定，夫妻俩琴瑟和谐，着实是令人艳羡。

黄蓉在辅佐靖哥哥镇守襄阳之时，平常从不拿私事俗务打扰他，一般都是自己私下处理妥当。但其遇到大事，她依旧会与老公“民主协商”。

民主，不仅是一个国家永恒的主题，更是一个家庭永恒的主题！在男尊女卑的年代，妻子以夫为天，唯夫命是从，男人获得了极大的心理满足，但女人却永远处于从属的卑微地位，那种婚姻自然是不协调的状态。

在当今女性地位日渐提高的年代，我们手握家庭财政大权，那是老公对我们爱和信任的表现。我们同样需要给予老公对等的尊重。拿着鸡毛当令箭，独揽大权，自以为是，即便是家庭的重大支出亦不与你的另一半沟通，如此专横的结果，必定容易给家庭财政安全埋下隐患，也容易让老公的心越走越远！游离于你和家庭之外！

取长补短，最理想的夫妻理财之道

婚姻犹如双人自行车，老婆坐前方指挥掌舵，老公坐后方卖力献策。假如不给精力充沛的老公“动脚”和卖力的机会，老婆自己一人独自发挥，累得气喘吁吁不说，还费力不讨好，纯属事倍功半的活；反之，夫妻二人分工合作，即便是逆风而行，也能舒畅着齐头并进。

作为新时代的主妇，我们掌管着老公的钱袋子，替老公“节流”，更应积极开拓，为家庭“开源”！然而，无论是“节流”还是“开源”都无法独立于老公之外进行。

俗话说“拿着钥匙的丫鬟不当家”！我们自然比丫鬟要高一个级别，但终究也无法自己一人自说自话。没有老公的携手合作与理解，在“节流”的道路上，别说当家庭的CEO和成本会计，即便是一个小小的出纳，你也无法名至实归，顶多只能算是个徒有虚名、被架在半空的财务角色罢了。

同事菲菲在费尽九牛二虎之力将老公财权夺过来之后，大有一副翻身农奴当主人的自豪和优越感。不仅对老公颐指气使，还直接剥夺了老公的财政决策权。结果，在走马上任了不到3个月，就在老公的一片无声抗议中被架空了。

菲菲做出纳，要老公报每天的明细账，但心存不满的老公无论菲菲如何逼问，始终不肯开金口，或者实在被逼问烦了，直接来上一句：“花了！”

“知道你花了！关键是都花哪了？”菲菲憋着一腔怒火！

“我怎么记得？一天到晚事情这么多！家里大钱我说了不算，都听你的！但难道我连这点小钱都没法做主了吗？”菲菲老公也不甘示弱，表达内心的愤懑。

菲菲气极，甩出一句：“不说清楚，那零花钱也别想从我这领走一分！”

没成想，老公笃定地道：“行！那就走着瞧！”过了两天，菲菲老公拿了几张借据回来，他轻描淡写地扔在菲菲面前说：“借了老王500块，还有找老李拿了1000块！什么时候有空你记得帮我还了！”

事情演变到如此地步，菲菲骑虎难下，老公不配合，她实在没法“节流”，现在是越“节”越“流”！直到此时，她才明白：家庭理财是左手和右手的共同协作，即便是掌握着家庭的钥匙，单打独斗依旧是缺了个胳膊，实在难以行通！

此后，菲菲改变财政策略，不管碰到大事小事，也会主动跟老公协商。慢慢地，老公渐渐扭转了态度，夫妻俩心往一处放，劲往一处使，家庭“节流”也渐渐显露成效。

如果说，“节流”需要夫妻俩共同努力方显成效，那“开源”的潜能则更不是管家婆一个人所能充分挖掘出来的。

如今，随着经济社会的逐步发展，市场上理财产品亦日趋完善，纷繁复杂起来。银行存款、保险、基金、股票、债券、黄金、白银、房产、期货等，形形色色，充斥着整个理财市场。

理财无定式，面对如此多元的理财选择，到底是选择如银行存款般稳扎稳打、保家卫国的大“象”？还是选择如基金定投般鞠躬尽瘁、蹒跚前行突发奇招的士“兵”？还是选择如股票般能一炮打响的大“炮”和一跃千里的白“马”？抑或选择有如黄金般横行天下的“俥”？甚或是选择有如保险般寸步不离保全主公的“仕”？

如此种种，到底该选择哪些适合家庭的理财品种，则需要充分结合管家婆的你，以及后援的老公，两者聪明的大脑和智慧，寻求最为合脚的“理财鞋”！

一般情况下，女人天生的谨慎本性决定了我们容易倾向于选择较为保守的银行存款以及黄金等传统的理财方式，虽然稳固，但却容易输在日渐高涨的CPI身后，资产的无形缩水也是一种被贬值，也是一桩亏本买卖。试想：20年前风靡一时的“万元户”要是把钱规规矩矩地存在银行，能获得几千元的利息就已经很给力了！但是，今时今日，“万元”有时不过是一顿饭的花销！

而男人与女人相比，却更富有冒险精神，只是有时候，高风险的“赌徒”行为，也是令人望而却步。一不小心，船倒人翻，血本无归、倾家荡产也未可知。

所以，女人作为管家婆，把握着家庭理财的主旋律，但却也需与老公携手并进。要将女人的谨慎和男人的激进两者互为中和，择其善者而从之，其不善者而改之，取长补短。管家婆们所掌舵的家庭经济之舟就能扬帆起航，坚固平稳！

巧买保险，为家庭系上“安全带”

“无条件为你不顾明天的安稳，为你变坚强相信你的眼神，不敢想不敢问，有一天坏的可能……”某日，无意中听到梁静茹的这首《无条件为你》，歌词的忧伤配合梁静茹深情的嗓音，让人闻之不禁为之动容。

然而，这终究只是适用于婚前风花雪月的浪漫和轰轰烈烈、不计后果的爱情。现实生活中，当我们步入婚姻的殿堂，除了爱情，我们还有亲情，还有孱弱的老幼需要我们扶持，承载着家庭重担的我们，有义务也有责任为其提供一个温暖、平静的港湾。

我们“有条件也有义务为他们考虑明天的安稳”，即便我们有多么的不情愿，但我们“必须想也必须问，有一天坏的可能……”，我们必须为他们确保万无一失。

俗话说“天有不测风云人有旦夕祸福”！谁也没长后眼，能准确预料到未来一秒可能发生的事情！

意外每天都在发生，人们谈及意外色变，常常唯恐避之不及，生怕沾惹上坏运气。然而，意外显然是无法避免的！如果能避免，也就不能称之为“意外”了！

而现如今，随着经济的迅猛发展，各式各样的负面后遗症也随之而来，有机、绿色食品已成为人们的奢侈消耗品，更多的则是毒奶粉、地沟油、农药、防腐剂、甲醛、染色馒头、塑化剂、牛肉膏……如此层出不穷的“毒品”实在让人防不胜防！

血肉之躯的我们并非百毒不侵，“直面”需有足够的保障！我们必须未雨绸缪，在歌舞升平的和平年代，必须为自己储备一旦战争爆发所需的充足武器与资粮，哪怕遭遇不幸，也要为家庭这位“将帅”备下最后一根救命稻草和“仕”——保险！

俗话说：“晴带雨伞，饱带饥粮”。居安思危，未雨绸缪是生活的哲学。胡适先生说：“今日预备明天，这是真稳健，生时预备死时，这是真旷达，父母预备儿女，这是真慈爱。能做到这三步的人，才能算作现代人。”而保险的意义正是在于，今日做明日的准备，生时做死时的准备，父母做儿女的准备。

好友刘姐原本有个幸福温暖的家，老公路辉是一家外资公司的业务主干，年收入有20多万，7岁的女儿乖巧懂事，刘姐性情温和，在家相夫教子，夫唱妇随的日子过得平静自在。然而，这个平静的“湖面”在去年年底路辉被查出患急性白血病后被彻底打破。

连续加班奋战了几个月的路辉病倒了，发烧，反复不退，鼻塞、流涕、咳嗽，吃了感冒药和退烧药总也不见好。在刘姐的一再催促下，路辉到医院挂号、看病、拍片，经过一系列检查，最后医生遗憾地告知：急性淋巴细胞白血病！也就是“血癌”！

听闻这个消息，路辉犹如五雷轰顶。他不是不知道这意味着什么，作为家中顶梁柱，一旦倒下，不仅收入断绝，更要花费巨额医药费来填补这个“无底洞”！

白血病唯一的根治方法就是进行骨髓移植，光这项手术费用就得花上30多万元，如果仅这30多万元，那家中这些年省吃俭用攒下的存款还能勉强对付。

但关键，骨髓匹配并非易事！即便幸运，找到适合的骨髓，家里也要倾尽所有；即便他勉强得救，年迈的双亲和稚弱的幼女，该靠什么得以生存？

而事实上，正如路辉所预料的，他的所有亲朋骨髓均不匹配，他在医院靠透析维持了大半年才从骨髓库中盼来了好消息。而彼时，昂贵的住院和透析费用几乎花光了他们全部的积蓄。

虽然公司曾为路辉缴纳过社保，但是，住院清单上占据“主角”的进口药品根本不在社保报销范围之内。而有限的几项支出，社保报销70%，也不过拿到了5万多元而已。这对于30多万元的巨额手术费用来说，不过是杯水车薪！

最后，迫于无奈，路辉父母将老家的老房子、地基全都卖了，凑了20多万，再向亲朋好友借了几万，总算把手术给做了。

如今，刘姐三代5口人拥挤在他们早年在上海购买的一套38平的房子里，老公路辉手术后虽然已无性命之忧，但仍体弱多病，无法上班。一家五口，全靠刘姐一人，生活之艰难可想而知。

刘姐不止一次地感慨：早些年，生活还算宽裕之时，为老公购买一份健康险就好了！那时，总以为还年轻，谁也不曾想会遭遇这样的不幸！

其实，保险就是家庭的消防器，经济的备用胎，随着目前疾病的低龄和年轻化，人们不得不为自己的健康上一份保险。

假如，刘姐在经济条件较好之际，每年抽出几百块钱为其老公投上一份重疾险，及时做好风险规划，或许，现在他们的生活应该是另外一种光景，至少医疗费方面，保险公司将会为他们承担相当大的一部分。

当然，在进行家庭风险规划，购买保险时，我们也需注意保险次序。对于“上有老下有小”的年轻“主力军”来说，购买保险自然得先保顶梁柱，然后再保小孩和老人。试想，要是“主力军”倒下了，小孩和老人自然也就无从保障。

此外，购买保险，我们还需量力而为，分清轻重缓急。应适当控制好保费的金额，千万不要让保险成为家庭财政的负担，假如因为保险而让家庭的财务状况告急，那可是大大的“失险”！

根据理财专家的意见，购买家庭保险时，“双十定律”是很好的参考原则，我们可以此做个参照。所谓“双十定律”，指的是“保险额度不要超过家庭收入的10倍”，以及“家庭总保费支出占家庭年收入10%为宜”。

假如现有家庭年总收入为10万元，每年用于购买保险的总支出不能超过1万元。当然，这种标准建立在家庭没有额外大项支出，财力足够的情况下。否则，你还可以依据自己的经济情况，比如还面临着买房的重任，把保险支出适当减少为30%—40%。或者，将家庭成员每年的保费支出控制在8%左右。过多，家庭财政难堪重负，影响其他消费和投资；太过少，则无法达到足够的保障需求。

在摸着石头过河的日子里，不知道未来是否暗流涌动，也不知未来道路是否布满荆棘，但是，有了保险为我们保驾护航，就一定能为我们的家庭经济之舟开辟一个光明的未来，也一定能为我们的“安全篮子”加上给力的砝码！

养只“金基”，为退休做好准备

某日中午小憩，同事闲聊之际，不知谁突然抛出一句：“你说咱们每个月社保这么几百、几百地交，到退休时，到底能领到多少？”

话毕，顿时一片哗然，大家一时忧心忡忡，因为谁也不知答案为几许？！面对目前高涨的物价，普遍一两千元的退休金，大家茫然，因为谁都不知道，这一两千元对于几十年后的我们来说意味着什么？

同事甲说：“等咱们退休时，就这么一点退休金，也不知道到时候够不够在外吃一顿的饭钱？”

同事乙立马反驳：“美的你！还在外吃饭呢，能在家凑合一顿就不错了！”

大家七嘴八舌，争执不下。在好奇心的驱使下，抱着对未来生活的担忧，大家结伴找到混迹职场多年、经验资深的人事经理。

可令我们没想到的是：“你们这可真是抛给了我一个千古难题啊！要知道目前为止，还真没有一个人能准确计算出一个人若干年后的退休金额。这要看以后的经济水平状况、个人缴纳金额的多少来定。但一般而言，你们现在缴纳的这些社保，基本能解决以后的社保问题！”

这番话说完，我们全体目瞪口呆！这毕竟多少有点听天由命的感觉！人一辈子辛辛苦苦工作几十年，不就是为了到老的时候衣食无忧、颐养天年?！可照目前这情形来看，光靠社保是远远不够的！

试想：老年人，难道就大门不出二门不迈？光在家吃饭、穿衣？闲来无事，和老伴出去旅旅游，也是正常需求！再说，人的身躯并非百毒不侵，生病也是常事！更何况为了工作卖了大半辈子健康?

所有这些，“仅能解决温饱而已”的社保是解决不了的！无法保障我们优质的退休生活质量！

为了给我们的“退休篮子”加码，不少人采取传统的银行存款方式。但是，CPI的节节高攀，把自己年轻时节衣缩食预备的退休金躺在银行睡几十年的大觉，势必是跑输CPI的贬值投资行为，落得个“既跑不过刘翔，又跑不过CPI”的杯具结局，事倍功半。

2011年2月，国际金融理财师郭作效介绍说，“存款利率和CPI数据已经连续数月倒挂，说明存款方式存在贬值的隐性风险因素，因此理财变得更重要。”而期货、股市等投资理财行为，风险较高，与确保“退休篮子”的安全与稳固又有所违背。

因此，两者中和，考虑到时间的复合魔力，几十年储备“退休篮子”的时间，我们完全可以通过“基金定投”予以加码。将手里的资金委托给投资经验丰富、技术专业的基金公司来操作，比不懂行情的自己直接冲入股市进行操作，显然风险要低得多！

时间长了，水滴都能成川！而基金定投的意义就是在于长期投资的时间复利效果，分散了股市多空、基金净值起伏的短期风险。只要能坚守长期投资原则，持之以恒，聚沙成塔，必定能获得比存银行高得多的收益！

同事老奉是位老基民，还有5年就要退休回家，颐养天年了。搞了一辈子技术的他一辈子平平，老婆不上班，家里全靠他一人工作维持。孩子虽然已经参加工作，但他们的事业都处于起步阶段，如今的高房价已然压得儿子抬不起头，孝顺的儿子不啃老都很不错了！更别提赡养日后退休的父母。

假如仅是如此，老奉两口子的退休生活质量必定要大为下滑。但是，老奉有先见之明。早在10多年前，他就开始每月定投1000多元买基金，早已为两口子的"退休篮子"储备了足够的干粮。

老奉自豪而又得意地说："现在我的定投基金早已翻了几番，即便现在行情不佳，但我定投的早，现在也已市值40多万了！足够我们老两口溜溜鸟、旅旅游、散散心了！就是生个小毛小病的，也不足为惧了！"

老奉一番话说得我们这些年轻人心里艳羡不已，纷纷向他讨取"基经"！

老奉哈哈大笑，他告诉我们，基金定投就是"懒人理财"。只要在自己的工资卡上开立一个基金账户，同基金公司签订一份定时定额购买协议，银行就会每月在固定的日子从账户中扣减相应的费用为我们买基金了。

事实证明，通过这种方法买基金，通常基金摊下来的平均成本并不算高，而且不用花费任何的时间和精力。随着中国经济整体的长期看好，基金定投到退休，一定会给我们一个大大的Surprise！

"但如何挑选基金呢？委托银行购买哪支好呢？"同事甲听闻定投的方便，不禁开口问老奉。

面对这样的提问，兴致颇高的老奉不自觉地掰出了自己的选"基"经！据老奉介绍，他买定投基金就跟挑班里的尖子生考试一样。长期以来成绩优异、稳定、波动幅度不大的尖子生，会成为他的“蓝筹”基金，因为他们考试的时候自然是不会差到哪去。

不过，把宝全压在一个“尖子生”身上还是有一定风险的！毕竟万一他考试那天心里紧张，没能正常发挥，那岂不是惨了？所以，咱们就得挑出两三个“尖子生”，集成一个“定投组合”，这样就能起到互为补充、互为调剂的作用！正所谓“东方不亮西方亮”！

而对于收益多少的计算，老奉给我们算了笔账：假设每个月拿出1000元进行为期5年的投资，5年60个月，总投入为60000元。假定股票市场年收益率为30%，也假定基金年净值增长率也是30%。根据基金定投计算机可以计算得出，5年期定投到期后，可以收获199130.54元，收益率可以达到231.88%。5年230%，10年460%，20年920%……

当然，我们也要考虑股市的低迷期，即使将年平均收益率缩水一半，20年，也能达到460%的收益率，远远超出银行5年期最高5.5%，20年最多22%的利率收益。更何况，中国经济整体是向好的，短时间内虽然可能低迷不振，但10年、20年呢？长期来看，股市的平均年收益肯定是不止15%的。等退休时，我们已经定投了10年、20年甚至更长时间，可想而知，收益该有何其丰富。

听闻老奉的介绍，我们心痒难耐。基金定投就是早投入，早受益。其增值的时间复利魔力就犹如咱们从银行按揭贷款一般，贷款十几二十年，得付多少利息？

所以，为了给我们稳固的退休生活增添一份屏障，也为了给我们的“退休篮子”增添一份砝码，我们完全可以早日进行基金定投。

股海遨游，让钱生出更多的钱

中国经济被国际上誉为是未来“金砖四国”增长之首。股市是经济的晴雨表，自中国加入WTO后，越来越多的商机展现在中国人面前，与之相应，遍地开花的中国企业开始高速发展，相继奔赴上市！而且，它们良好的业绩推动着中国经济继续勇往直前，也支撑着中国股市朝着阳面发展。越来越多的人开始投身于股市，希望能在股市中分上一杯羹。

毕竟我们年轻，一味地靠死工资度日注定是艰难的。只有投资才能为我们的小家添砖加瓦，而股市，则是一种比较积极的投资方式。

从长期来看，股市的收益要比银行存款、国库券、债券、黄金等要高得多。也许有人会说，股市风险高啊！的确如此，股市比银行存款等风险要高些，但毕竟高风险即意味着高回报！况且，相比之下，股市的风险与期货、期权、彩票、赌场等的风险要小得多！

年轻的我们趁着手上有闲钱，也有足够学习和捂股票的时间，就该享受一番股市“过山车”的感觉，只有经过这番历练，你才会在股市中变得更加成熟、稳重！

常听人说：“当兵后悔一年，不当兵后悔一辈子！”这句话套用在股市中同样适用！当你渐渐老去，你发现自己已然由当初那个青涩的股市新手打磨成了一个娴熟的股市“老江湖”！

然而，2011年，受欧洲债券的影响，哀鸿遍野的股市令人望而生畏、敬而远之！2000多点的上证指数，交易量的持续萎缩，券商日子不好过的背后，是人们对股市的一片冰凉之心。人们谈及股市，纷纷摇头感慨，被套牢、绝望的人们甚至对其闭口不谈，唯恐揭开内心的伤痛！

这种种情况让我想起与之形成鲜明对比的2007年的大牛市，街头巷尾、广告电视、公交车、电梯、甚至是在菜市场……“股票”这个名词成了一颗璀璨的明星，当时人们脑海里被描绘的股市就是一个“傻瓜都能赚钱”甚至是弯腰都能捡钱的美好世界。

当人们奔走相告之时，当新股民疯狂集资涌入之时，当人们高呼“撑死胆大的饿死胆小的”口号之时，疯狂的股市离崩盘已然不远。果不其然，随之而来的530疾风骤雨般的暴跌，让人们初尝股市残酷的苦果。而之后的涨涨跌跌，更是让适应一路上涨的新股民无所适从，直至今日，人们开始对其产生绝望！

如此截然相反的两种市场表现，让我想起投资大师巴菲特关于炒股逆向思维的那句名言：“在别人恐惧时我贪婪，在别人贪婪时我恐惧！”

要知道，股市历来都是“在犹豫不决中上涨，在满怀希望中下跌，在欢乐中死亡，在绝望中新生。”

假如说，初涉股海时栽了个跟斗，为股市缴纳了一笔不菲的学费，经过了残酷的洗礼。我们更应体会 “凤凰涅槃”和“破茧成蝶”的蜕变美！交了学费，我们才能更为成熟，更为睿智，才能为后续的胜仗积蓄更多的谋略与资源。

证券行业出身的林志是我们公司的“股神”，在股市混迹了十几年的他，在沉浮的股海中云卷云舒，实现了不少的“家庭梦想”：小轿车、笔记本电脑、LED液晶电视、豪华欧洲七日游、日本樱花节、新马泰三地游、海南七日双飞……

林志一家的生活很富足，而这一切，皆获益于股市！

谈及林志的炒股经，他不无得意地告诉我们：“炒股炒的就是心态！克服贪婪和恐惧是第一要务，知己知彼是第二要务，设立止损和卖点是第三要务，而把握牛市中‘板块轮动’的规律则是第四要务！而‘知其白，守其黑’，从来不满仓操作则成为他炒股的最后一道防线！”

林志告诉我们，每一轮牛市都离不开市场不间断的热点板块的推动。每一轮牛市，无非先是由大盘股指引向上，然后行业龙头，业绩优良的一线、二线股开始发力，板块轮动，再接下来绩优股价格被炒高之后，开始轮到低价的三线四线股发力，最后往往是在ST之类的垃圾股疯狂盛宴中拉下牛市的帷幕。

利用这个规律，林志从不把鸡蛋放在同一个篮子里，也从不满仓操作，即便是在大牛市，当人们急吼吼地投入全部资金，甚至贷款集资投入之时，他也只是半仓、轻仓甚至是空仓操作。他告诉我们，保持股票一定的仓位，才能有剩余的子弹，才可以对冲，可以抄底，才能做到“心无挂碍”。

他深知资源是永恒的主题，另外，层出不穷的传染病流行事件，势必使医药股借势发力。于是，老林分别从煤炭石油、有色金属、医药三个板块找出一支绩优股，潜心研究，从一而终。他犹如谈恋爱般倾注自己所有的心力研究对方，摸透对方的心思，它今天怎么生气了？跌了？它明天又为什么涨了？

而无论别人告诉它“路边的野花有多香”，他从来都不为所动。守株待兔般的守候，总能让他篮子中的其中一个成为市场的焦点，从而笑到最后。

而如今行情的低迷，相比于大部分人们对股市的绝望，林志并没有灰心丧气，他逆大众而行，越跌越买，潜伏其中。从2008年爆发延至今天的欧洲债券，令如今股市一蹶不振，不少绩优股被错杀。虽然目前账上购买的股票损失了一些钱，但林志并不泄气，相反，他却相当地淡定。

他认为，低迷是短期的。现在大家都对股市避而不谈，才是买股票的最佳时机，他相信长期潜伏，必定能“守得云开见月明”！

左手握右手，一起收获的“果实”最珍贵

江苏卫视有一档娱乐节目叫《老公看你的》，收视率很高。夫妻搭档齐心协力“智勇”冲关，为了收获大奖，老婆们则是充当老公的背面谋士。

在主持人和观众不断的起哄声中，背对老公，为老公做出是否冲关的抉择。而老公们则是在老婆做出的抉择下，负责“斗勇”，当然，他们整个斗勇的过程，自然离不开老婆们的陪伴与协助。

有一期节目，一对在“顶妻立地”中获胜的夫妻给我留下了极为深刻的印象。先是老婆与另一位一直遥遥领先、实力强劲的竞争对手巧旋“斗智”，终将“顶妻立地”这项挑战权抢到。而老公则是用自己的双臂和双腿坚持撑起老婆足足长达4分15秒。

中途，他们几近放弃。然而，他们互相鼓励，互相打气，让对方不要轻言放弃。老公大喊：“我能撑住！你放心！你也撑住！”最后，他们终于坚持下来了。当主持人高喊时间到，宣布他们获胜之际，他们终因体力不支，抱在了一起，激动得久久未能平静。

我想节目导演的初衷也是为了让夫妻寻找最佳契合点，让他们在共同合作和挑战的体验中，体味夫妻生活珍贵的百味人生，节目很成功！

也许，这对在航空公司上班的夫妻收入相对较高。然而，我相信，在他们的心目中，没有什么比这次参赛所收获的“希腊爱琴海之旅”更为珍贵。因为，这个“果实”夫妻共同协作的含金量实在很高。

家庭理财的过程，也是夫妻双方收获感情的过程。让老婆当上理财的主角，既能给予老婆安全感，还能体现老公对老婆的尊重与信任。而这并非意味着就必须将老公弃之一旁，冷落在理财的边缘。

步入婚姻生活，当我们彼此褪下性格的外衣，将自己性格和缺陷赤裸裸地呈现在对方面前，我们往往很容易忽略另一半，视自己为其中的主角。

如琳琅和菲菲般单打独斗地称霸于家庭，不将老公纳为家庭理财的常务理事，终究要在婚姻中翻个跟斗，摔得鼻青脸肿。

而如苏爸爸和阿兴般，大男子主义，在家里自说自话，在家庭理财过程中视老婆如无物，从格局确定开始的那一天起，他们不幸婚姻的结局似乎早已注定。

理财过程中，任何“重男轻女”甚至是“重女轻男”的极端做法皆是不可取的。

所以，天下可爱可亲的姐妹们，让我们携起手来，共同管好老公钱包，在管理老公钱包的过程中，在共同理财收获果实的过程中，体验“左手握右手”的温馨和激情！老公也会更加地视你如珍宝！将你捧在手心，放在心里最重要的位置！

女人幸福一辈子的理财智慧

第九章

让老公为自己买单，与其说享受的是对方的金钱照顾，倒不如说体验着情感的重视和关怀。不愿意为你买单的老公，不是好老公，而如何让老公甘心情愿为你买单，这是一门艺术，也是一门学问。

嫁人就要嫁愿为你买单的男人

男女之间的相处，既是一门艺术，又是一门学问。不知道什么时候，网上开始流传一段话，大体意思是：想看清一个女人的真面目，要等到她卸妆之后；想看清一个男人的真面目，要等到和他分手之后；而想了解男人和女人的感情状况，就要看他们买单时的态度。

当然，这不是金科玉律，在现实生活中，却具有实用主义的功效。就以买单这项来说。今天，女性意识逐渐提高，女人和男人都要去职场拼搏，一样为买房和买车努力，甚至有时女人的工资比男人的工资还要高出很多。但是，谁都无法否认，几乎没有一个女人，不愿意享受男人为自己买单时的幸福感。

而且，从男人买单时的态度这一细节，也依稀可以看出两个人感情的发展和变化。当一对男女就餐后，男人完全不看账单，就着急付账，大多不是因为他赶时间，着急离开，而是可能说明他正在追求对方。相应地，如果他开始留意账单上的消费项目，并计算消费结果是否正确时，通常而言，说明两者基本已经确定恋爱关系。

或者，当他在翻查账单之后，埋怨花费太高，则表示他和女人的感情十分稳定。如果他在瞟了一眼账单后，由女人掏钱，表明后者已经成为他的太太，而且还掌握着经济大权。

在经济学上，有一个关于投入和产出的概念，理想状态来说，投入和产出成正比，想要获得更多，就应该在付出上多下功夫。 在日常生活中，也是如此，尤其是男人这个比女人更善于理性思考的动物。在某种程度上，他愿意为你投入多少，基本可以等同于他有多爱你，有多想和你生活在一起.

试想一下，哪有一个男人会为一个与己无关的女人，付出大把时间，再搭上辛辛苦苦挣来的真金白银？我们不是拜金主义，却也不是理想主义。一个男人有没有能力为自己喜欢的女人花钱是一回事，愿不愿意又是另外一回事。如果女人提出的要求在合理范围内，男人却不舍得花，只能说，他对她的爱情还不够深。

而从另一个角度来说，当一个男人喜欢一个女人时，他更愿意你接受他的赠与，花他的钱，否则他还会认为你不把他当成“自己人”。

大学同学晓琳第一段感情无疾而终，就是“买单”惹的祸。而且，不是因为对方不买单，而是她不让对方买单。

晓琳出身于知识分子家庭，从小就接受着严格的家教，父亲经常告诫她：不要随意花男人的钱。她是个听话的孩子，始终遵从父亲的教导。后来，在一次活动中，她认识了男朋友小马。

小马是一个儒雅且略微有些敏感的男孩。第一次见面，晓琳对他印象就不错。随着两人交往的加深，晓琳发现自己越来越喜欢小马，可是，小马却渐渐对她有些疏远。家教甚严的晓琳有着强烈的自尊心，她认为小马的举动表示不再喜欢自己，一气之下，两人断绝了关系。

事后，晓琳辗转才得知事实真相：原来她和小马之前约会吃饭，当小马买单时，晓琳总是抢着付，并且总是一副不容置疑的态度。这让敏感的小马感觉，晓琳是在和自己划清楚界限，没有把自己当作男朋友来看。

不让对方花费，竟然还被误解，晓琳感觉自己太委屈了。也许，你也会为晓琳感觉冤枉，但现实情况往往如此，作为女人，要想和男人保持长久关系，你在保持自身女性特质的同时，最好也具备适当的男性思维。

当一个女人提出晚餐AA制时，她的真实想法可能是："我对你是真心真意的，现在已经是21世纪了，我有一个不错的工作，而且薪水还可以，没有理由总让你为我付钱。"

但是，女人的这份没有用语言表达出来的良苦用心，在经过男人自尊心和传统男女交往模式的"过滤"之后，后者接收到的信号可能变成："我不想因为钱的缘故觉得欠你什么。"

其实，从道理上来讲，男女之间，应该由谁来买单，确实没有标准的答案。没有绝对令人信服的理由，来支撑"必须让男人付钱"的观点。但千百年来的传统已经形成，"男主外，女主内"的惯性思维，短期内也不会发生天翻地覆的变化。

对一个男人来说，恋人或妻子就是自己的一部分，为她们花钱，理所当然，而且看到对方欣赏自己所买的商品时，也会产生一种愉悦和自我实现感。男人从买单中得到成就感，女人从对方买单中感受到爱情，两者各取所需，何乐而不为？以经济学角度来看，算是双赢。

但有时，不可否认，你找到的那个男人不一定有能力为你买单，此时，你应该怎么做？

结婚之前，我住在租来的房子里。后来，隔壁搬来一对"小夫妻"，从外表来看，像是刚刚毕业不久。开始之初，两个人如胶似漆，每天都黏在一起。渐渐地，不如以前热乎，再后来，便开始吵架。

一天，晚上十二点左右，两人又叮叮当当地开战。大约半个小时之后，有人敲我房间的门，打开之后，我看到女孩红着眼睛，头发凌乱，穿着睡衣。我赶忙把她领进房间。坐下之后，她便开始向我哭诉："他每天都不务正业，只知道玩游戏，也不上班，还要我在外挣钱养活他。你说，这样一个大男人，每次出去吃饭、购物，都是我买单。他从来都是理直气壮的，也不觉得丢人，我跟着他真是傻到家了！”

“可是，既然你爱他，就应该有所牺牲，是吧？爱其实也是一种付出。”我劝她道。

她点了点头：“之前，我就觉得他没什么出息，但是鬼迷心窍就是喜欢他。为此，我赔上了青春和金钱，现在还搞得身心疲惫，剩下的全是后悔。”接着她问了一句，直接让我哑口无言：“你说，一个男人连为女人买单都做不到，你还指望他能做什么？”

与恋爱不同，婚姻生活是一种接地气的活动，两个人生活在一起，繁殖下一代，共同奏响的一组“锅碗瓢盆进行曲”。其中，既有快乐的分享，也有痛苦的分担；既有柴米油盐酱醋茶的日常琐事，也不乏相互鼓励相互学习的情感波动。

买单，表面来看是一个经济问题，其实更是一个感情问题。和男人相比，女人的世界里，带有更多的感情成分。女人享受自己男朋友或老公为自己买单，与其说自己“缺钱”，倒不如说，真正享受的是对方在情感上的关怀和重视。就此而言，并非全是经济关系。

不过，有一个不得不说的事实是，愿意为你花钱的男人，不一定就是你的Mr. Right。现在，富二代为某女性一掷数十万、百万的事情屡见不鲜，但短短数月之内，恋情就宣告破裂。

但在一般情况下，普通女人，遇到的是普通男人。当你发现一个男人一边大谈“我爱你”，一边却在紧捂口袋，此时，一定要及时为爱刹住车，否则，结局可能是“车毁人亡”。

当然，如今社会毕竟不同于“男权主义”的封建社会，女人不再隶属于男人。男人心甘情愿为你花钱自然是好事，女人却不能将此视为理所当然，更不能心安理得地花男朋友或老公以外的男性朋友的钱。

对于男人，也不能一概而论。如果你遇到的男人经济条件比较宽裕，却对你出手小气，至少说明他没有打算对你投入太多精力，对此，不妨多考察他一段时日。但是，有些男人确实因为目前经济条件，不得不珍惜金钱，你也不必太过计较。这时，务必要擦亮双眼，如果觉得对方是 “潜力股”，升值潜力巨大，你不妨先买买单，说不定，将来你会收获巨大的投资回报。

嘴甜的女人最好命

即使个性再独立的女人，仍然喜欢男人为自己买单。张爱玲就曾经说过：花自己男人的钱是种幸福。

可惜，她几乎没有花过胡兰成的钱。只有一次例外，胡兰成给她钱做过一件袍子，那次，她幸福得要命。此后，都是她倒贴钱给他。

传奇人物自然有非凡的际遇。我们普通女性，没有张爱玲的才华，遇到胡兰成般男人的可能性也微乎其微。大部分时间里，我们还是能够找到一个自食其力，而且具备养家糊口能力的老公。

结婚之前，为把你娶进家门，他们买单的次数比较频繁。但是随着你们成为一家人，或许他们买单的次数会逐渐减少，最后以至于，如果你不再要求或提醒，他们便再也想不起给你买单。

虽然已经结为夫妻，女人还是希望老公一如既往地爱自己，为自己买单。为唤起老公为自己买单的“细胞”，继续享受爱情的滋润，我们也需要耍一些“小手段”。

想让老公为自己买单，首先要看自己的要求是否合理。这要视家庭经济状况而定。

如果你和老公都是普通工薪一族，除还房贷、养孩子等支出，每月工资所剩无几。而你偏偏又是购物狂，总要求老公每月为你买上几件数千元的衣服。面对如此“重单”，已经超出家庭的负载能力，老公再爱你，恐怕也很难办到。

相反，如果你的要求花费不多，而且对你的身体或能力有提升的帮助，比如几本书，健身卡等，相信你老公很愿意为此买单。

生完孩子的第七个月，我又重新回到工作岗位。原来的同事见到我，都夸我比以前珠圆玉润。我心里明白，和怀孕之前相比，我确实胖了足足有二十多斤。在镜子里，看到自己臃肿的身体，我强烈意识到自己需要减肥。

一次和老公上街，街头有人派发健身房打折的传单。手里拿着传单，我想办一张健身卡，但不好意思提，就对老公说：“老公，你看健身房的年卡打折，真是很划算，1年才1000元，平时将近2000元呢！”说完之后，我又发出感叹：“生完宝宝后，我真的胖了不少呢。”

第二天下午，平时下班就早早回家的老公，回来得有点晚。刚进门，他就把一张健身卡放在我手里。原来，昨天他就看出了我的想法，今天下班特意办了一张送给我。

也许你会说，我的老公善解人意，但其实大家想一想，如果我想要的是一枚价值数十万元的钻戒，他不一定那么爽快买给我；又或者，我想要的是一大堆垃圾食品，虽然价格不高，却对身体无益，他也不会给我买单。

而健身卡，价格既不高，又对身体健康有益，而且经过锻炼，还能让我的身材保持得更赏心悦目，这样益处多多的“单”，他自然愿意买。

其次，想让老公买单，态度要软不要硬。

要问喜欢女人的哪种特质，绝大部分男人的回答可能是温柔。温柔，是一种和煦温暖的感觉，也是一种具有致命诱惑的秘密武器，足以征服任何一个男人。

要想让他高兴地为你买单，温柔的态度至关重要。

闺蜜小娴结婚之后，老公仍旧和刚追求她一样，常常送礼物给她。看着她幸福的样子，我们几个姐妹都非常羡慕。向她请教秘诀，她给出的答案竟然是：“都是我向他要的。”接着，身边的王姐大喊不公平：“我也经常向我老公要礼物，让他为我买单，可常常被拒！”

小娴说：“就你那火爆脾气，你会用撒娇的方式向你老公要求吗？每次，我想让我老公买某件商品，我的嘴总是变得特别甜，然后对他特别温柔。要是不答应，我会像个小猫似的向他撒娇，老公一直当我是孩子，也就答应了。”

一通话，把王姐说得哑口无言。确实，王姐平时表现得一副男人婆样子，在他老公面前，没有丝毫的女人味。我能想象，她让老公为自己买单时，肯定是一副自上而下的命令语气。

要老公替自己买单，最愚蠢的办法就是大吵大闹，或者是以强硬的口气埋怨他。如此一来，脾气倔强的老公容易产生逆反心理，容易反其道而行之，坚持不给你买单，破坏夫妻之间的关系。脾气温和一点的老公，可能迫于你的威风买了单，但心里估计会留下些许阴霾。次数多了，哪里有压迫哪里就可能有反抗，说不定，有一天老公不再闷声买单，而是选择从你身边逃开。

记住，嘴甜永远是硬道理，温柔永远是最具杀伤力的武器。

再次，要想取之，先予之，偶尔给他“小甜头”。

世界上任何事情的发展状态都是双向的，很少有人会像父母，能够给你无私的爱。绝大部分情况下，别人对你的付出，都是要求有回报的，包括你的丈夫。无法想象，你的丈夫每天辛勤工作赚取生活费，而你在家无所事事；丈夫下班之后，还要回家收拾打扫房间，为你做饭洗衣……短时间内，这样的生活状态可能会勉强维持。长时间下来，丈夫肯定吃不消。

想要让老公为自己买单，不妨先为他考虑，多些付出，为补偿或礼尚往来的考虑，他也不会亏待你的。

每次春节，我和老公都会回老家陪父母过年。由于我们两人的老家相隔1000多公里，如果都去有些太折腾，所以，我们之间形成了一条不成文的规定，即轮流过年：今年去他家、明年去我家，后年再去他家……

去年春节去公婆家之前，我特意为两位老人各买了一件衣服。带回家给老公看时，我能明显感觉到他有些激动，而且一个劲地夸赞漂亮。过了一会，他突然问我：“你怎么只买了两件？今年虽然不回你老家过年，也应该给你爸爸妈妈各买一件。”

之前，我得知妹妹已经为他们买了，就对老公说：“没关系，明年再给他们买就可以。”第二天恰逢周末，我和老公逛街时，走到老年人服饰区，他坚持为我爸妈也各买了一件衣服。而且，价格比我给他爸妈买的衣服高得多。然后，拉着我一起去邮局，把衣服邮寄给我爸妈。

俗话说，强扭的瓜不甜，让老公为你买单，他甘心情愿，心里感觉舒服，你也感觉最幸福。让老公为你买单的招数，不仅以上几种，我们在学习的基础上，可以通过自己的体会去总结，来得出一套最适合对付自己老公的方法。

不同类型老公性格说明书

世界上没有完全相同的两片树叶，当然也没有完全相同性格的老公。你用来让你的老公买单的方法，用在她老公身上未必合适。就此，我们需要具体情况具体分析，根据不同老公的性格，来做出一套行之有效的方法。

最近几年，社会上流行起“星座学”，通过人出生的时间段，分配给一些人一个星座。比如3月21日—4月20日之间出生的人，属于白羊星座。而且，每个星座的人，都有不同于其他星座的个性。

这种划分也许不科学，相同星座的人，性格也许有所差异。而且，性格的产生更多地是由后天的成长环境、接受的教育和接触的人群所决定。

但是，不可否认，按照黄道十二宫排就的星座，在某种程度上，不是完全没有道理可言。我是典型的水瓶座，头脑中不断闪烁着新奇古怪的想法，虽然不乏理性思维，做事情却也难免有些冲动，喜欢独断专行。老公却是一个金牛男，个性实际而勤勉，做事不急不躁，加上比我早2年踏入社会，我经常用“面似老实，实则老谋深算”来形容他。

也许，同一时段出生的人，性格注定会千差万别，但星座的描述抓住了他们的共性。而且，就算你不相信星座，但无法不承认，星座的确把人们的性格做了很精细的划分。我们可以不相信星座，但我们要相信性格的力量。

就这一点，我们可以制定让不同星座老公买单的专门方法。

1. 向白羊座老公（3月21日—4月20日）撒娇。

不得不承认，这一招数用在其他男人身上，可能同样适用，但用在白羊座老公身上，可能更为见效。

白羊座的男人属于领导型人物，冲动、爱冒险而且比较慷慨，对他来说，世界上最有趣的事情就是“挑战和征服”。但是，他不是一个心思缜密的人，很多事情你如果没有提醒他的话，说不定，他可能根本记不起来。

也许他长得并不帅，却时常感觉自己像个白马王子，要想让他为你买单，首先拜托你也要有个公主的样子，不见得一定要长得漂亮，却一定要注意仪表的整洁和态度的温柔。不要和他讲道理或强迫，用你的柔情去感化他，跟他撒娇，他可能就会感觉不好意思，进而美滋滋地为你买单。

2. 向金牛座老公（4月21日—5月21日）展示“回报”。

在十二星座中，金牛座最讲求务实。他不会轻易掉进爱情陷阱，当然不会随便就玩闪婚。如果他向你求婚，应该就已经为你们未来做好了完整的计划，让你时刻感受到安全感的包围。

当然，他做任何事情都是有目的性。例如，谈恋爱时，如果他提出送你到家门口，送你不是全部的目的，他还可能想和你“吻别”。

想让金牛座老公买单，你首先要对他好一点，或者提示他为你买单之后，你会给予怎样的回报，比如晚上回去做他最爱吃的菜。有目标的激励，他为你买单的次数可能会越来越多。

3. 向双子座老公（5月22日—6月21日）示弱。

双子座是一个聪明的星座，而且可爱、幽默，特别容易心软，有大男人情怀。他脑子总是充满着千奇百怪的想法，在很多场合，会吸引形形色色的女士的喜爱。

有人说，双子座的男人像风一样，想要掌握他的心，基本上和掌握其行踪一样困难。但这仅限于婚前，婚后，双子座老公会变得比较有责任心。

此时，如果你主动降低身份，装得可怜兮兮地向他提出要求，他会觉得“我应该负起男人的责任，要什么就应该提供什么”。在这种心情的暗示下，双子座老公可能就为你买了单。

4. 向巨蟹座老公（6月22日—7月22日）“献媚”。

在十二星座中，巨蟹座男人最适合做老公，他体贴、敏感、充满爱心。婚后，他可能会是一个喜欢做家务的居家男人，同样，他喜欢的也是贤惠的“良家妇女”。在他做家务的同时，请不要翘着二郎腿坐在客厅看电视，这样的话，巨蟹座男子柔软的心会受伤。如果你用感谢的眼光看着他，他会做得更卖力气。

就此而言，巨蟹座男人敏感的一面也被展露无疑。如果你想让他为你买单，“献媚”很管用，这样，为你买单之后显得他更有主动权。一般情况下，不要直接向他要，否则，说不定你在他心中的形象会打个折扣，他也许会这样想“原来你是一个贪财的女人”。

5. 对狮子座老公（7月23日—8月23日）使用激励法。

和白羊座男人一样，狮子座男人，也属于领导型人物，为人很傲气、爱面子，不喜欢打没有把握的仗。

不过，想得到狮子座男人的爱，并不困难，只要你爱他、哄他，尤其要崇拜他，他会对你特别大方，简直恨不得用礼物和鲜花把你包围起来，让你体会到“贵妃”的感觉。

想让狮子座老公为你买单，你当然要奉承他，等到他心花怒放之时，无论何种单都会乐于为你搞定。再或者，你采取激将法，在他面前故意说“XXX对他老婆特别好，给她买了一双1000元的鞋子……”如此，可能激起他对你更好的欲望，说不定给你买双2000元的鞋子。

6. 向处女座老公（8月23日—9月22日）展示发挥空间。

一般来说，处女座的男人追求完美，且分析能力强，思想较有条理性，属于传授型的人物。

他对女人的要求很高，如果想和他建立夫妻或恋人关系，必须先具备让他喜欢你的理由，除了外表洁净之外，还要有接受批评的雅量，还要善于学习和思考，说话不要不经大脑。

如果你想让他为你买单，直接要求的话，会让他觉得因为缺乏惊喜而无趣。如果你向他表示“XXX老公送她一条项链，漂亮得让我们都在尖叫”。听到“尖叫”二字，他觉得很好玩，说不定就会送给你，让你享受一下被羡慕的“尖叫”，同时，他的个人魅力也得到了展现。

7. 向天秤座老公（9月23日—10月22日）暗示。

天秤座是一个优雅、迷人的星座，他们亲切善良，喜欢听别人倾诉，沟通能力特别强，喜欢掌控一切。在感情方面，他堪称恋爱圣手，不过，属于纯技术型。很多时候，事情的对与错，由理性思考得出，却没有顾及到情绪的变化。

想让天秤座老公买单，你最好用暗示，而且适可而止，不要让他觉得你很有心机，他喜欢自己掌握主动权。他有自己的诚意，而且出手也大方，却不会被你的柔情所“奴役”。

8. 向天蝎座老公（10月23日—11月21日）要“补偿”。

天蝎座有些神秘特质，给人一种精力旺盛、热情且占有欲特别强的感觉。他有一眼看穿你的本事，能看出你的渴望和害怕，在他面前，伪装常常没有用处。

不过，如果他自知理亏，也容易产生补偿的心态。

对这样的老公，你要明确告诉他，他也有缺点，比如太懒惰，不爱做家务。几次提醒之后，你可以用开玩笑的方式表达：“好吧，如果你送我一件礼物，我就原谅你。”听到这句话，天蝎座老公会觉得很合理：“如果我能用礼物弥补，你不生气的话，那也很好。”

想让天蝎座老公买单，你可以直接挑明条件，不要遮遮掩掩。

9. 向射手座老公（11月22日—12月21日）直接要。

射手座的男人乐观，且诚实，喜欢做有挑战性的事情。他心里常常有无数远大理想，却经常忽略眼前的问题，如果你能够在身边提醒他一下，就最好不过。

还有，射手座男人的特点之一就是直率，有时会让人受不了。对他来说，真诚是最重要的相处之道。

对射手座老公来说，让他为你买单，不用耍心机、撒娇、暗示，或者试图用其他利益交换。看到喜欢的东西，你不妨直接讲“太喜欢了”。讲几遍之后，他看你真喜欢，可能就会为你买。

10. 向摩羯座老公（12月22日—1月19日）讲清楚。

摩羯座是十二星座中最有耐心，又最小心的星座，凡事都脚踏实地。他非常重视家庭，通常，他会选择一个“妈妈型”的女人做妻子。他固执又传统，如果选定你做妻子，肯定经过了深入的了解和评估。

对这样踏实的人，如果你不讲明，他可能懒得去猜，更懒得去买单。如果你对他讲“今年要送我三个礼物”，他会觉得很安心，而且也会本本分分地为你去买。

11. 向水瓶座老公（1月20日—2月19日）含蓄地讲。

在十二星座中，水瓶座属于优雅、聪明的一类。他们追求个性，喜欢独一无二的生活方式，喜欢了解别人的内心世界。对他来说，一个女人的魅力，不是体现在外貌或家世上，个性和内涵才是他追求的根本，有情趣、不俗气也是关键要素。

要想让水瓶座老公为你买单，直接要的话估计不可行。你可以用含蓄的方式给他讲，别怕他听不懂，他可能也会用含蓄的方式来回应。然后，你就静静等待他为你奉送上礼物就可以。

12. 向双鱼座老公（2月19日—3月20日）示好。

双鱼座是公认的浪漫星座，同时，也是一个极为矛盾的星座。可以说，他集合十二星座的优点和缺点于一体。

在浪漫之外的另一面，双鱼座男人其实也很实际。只不过，他这种实际也占有一些不实际的成分。比如，他做事情也讲求目的，只是目的可能是让你觉得他最好。就此来说，他像是一个长不大的孩子。

让双鱼座老公买单，你要向他示好，让他知道在你心目中，他是最佳选择。然后，把这种表述时常挂在嘴边，他就会高兴地为你买东买西。

现实生活中，形形色色的男人，可能没有星座般如此脸谱化，但大抵也不出这些类型。了解自己老公的性格和喜好，不仅为让其为自己买单，对于促进家庭和睦，也是大有裨益。

争面子不如要里子——小主妇的买单诡斗

慷慨大方和小里小气两种男人之间，你会选择哪一种？相信很少人会选择后者。可是，对谁慷慨大方，以及慷慨大方到何种程度，也是不得不考虑的两个关键要素。

有一种男人，本身并不是太“多金”，和你相处时，为你买单不眨眼，和其他人相处时，为别人买单，也是丝毫不含糊。参加饭局时，只要他在场，别人肯定抢不到买单的机会，他总会以迅雷不及掩耳之势掏出钱包，把账单结了。

结婚之前，当他还是你的男朋友时，在你看来，这种侠胆柔情极其潇洒，可能也会被感动不已，感叹自己找对了男人。婚后，他变成了你的老公，依然还是那般豪气冲天，见单就抢着买，此时，估计你无法再继续笑看丈夫的举动了。

不是你变得小气，其实是形势逼人。结婚之后，各处都需要花钱：买房子的首付还看不到一点影子，每月仅勉强支付房租；两三年内计划要生孩子，他的奶粉钱还不知道在哪里；父母一天天老去，想让他们安度晚年，不必再辛劳，却没有实力提供他们赡养费……

你在为这些烦恼夜不能寐时，老公却依旧挥金如土，的确是一件让人比较着急的事情。

朋友小乐的老公小刘，就是一个爱抢单买的家伙。在一家公司做白领的小刘，收入并不高，但不管有事没事，和熟悉或者不熟悉的人在一起吃饭、泡吧等，他都是冲刺在买单第一线，从来没有退缩过。

当小乐对他提出抗议时，小刘旗帜鲜明地亮出自己的“买单哲学”：交朋友不能小气，多个朋友多条路。对这句话，小乐承认部分赞同，但为一些八竿子打不着的人买单，数额再大、次数再多，能起到什么作用？人家酒足饭饱之后，还能记起你姓甚名谁！对小乐的提醒，小刘认为纯粹女人“头发长，见识短”。

可是，眼看着家庭经济状况越来越紧张，自己的提醒和警示又不能奏效，小乐无计可施，向我大倒苦水。一气之下，她甚至还动了“离婚”的念头。

我赶紧劝她打消这种消极的想法。其实，小乐小两口感情一直挺好，婚前，小刘为她买单可谓是不遗余力，当时小乐很受用。

婚后，她们二人的钱依然是AA制，各人的钱各人花，没有实行统一的管理。至于家庭费用，谁手里的钱宽裕就由谁掏。小乐是个节俭的女孩子，家庭费用常常由她来“扛”，如此一来，没有后顾之忧的小刘自然没有经济危机的概念。由于年纪尚轻，更别提家庭经济计划。

更何况，小刘原本就是一个重哥们义气，自尊心较强的人，抢着买单是他性格的外在表现，并不表示他不负责任。认清楚这种状况，我建议小乐不要继续意气用事，也不要再和小刘吵闹，聪明的做法是要暗中布局。

首先，小乐开始减少对家庭开支的支付，并且有意无意间向老公提起想要买房子的计划。

看着身边的哥们大都有了自己的房子，自己仍旧住在租来的房子里，小刘嘴上不说，心里也一直不舒服。只是，一心想着“赚大钱”，一步到位买到房子，小刘没有意识到，与之相比，依靠平时节俭省下来的钱更靠谱。

在小乐的买房信号频繁“轰炸”下，隐藏在小刘心中的买房热情被调动起来。趁机，小乐又给他描绘了一幅幅住在自己房子里生活的温馨美好画面。小乐几次“画饼”，让老公心动不已。此时，小乐忙不迭提出一个建议：每人每月上交工资的50%，作为家庭住房公积金。小刘觉得很公平，张口就答应下来。

嘴里答应是件很简单的事情，但是，真正上交工资时，小刘心里又开始动摇了：上交之后，请朋友聚会吃饭的钱就不够了。对此，了解老公的小乐已经提前有预感。她为老公专门搜集了一些味道不错且价格不高的消费场所，写在一张纸上，推荐给他。并且，还标明了每年的大致消费金额。

看到老婆这般用心，小刘无话可说，只得把钱乖乖交了。

接下来，小乐没有满足于老公工资50%的“份子钱”，她又采取了第二步，决定在朋友面前，揭下老公“假大款”的面具。当然，她不是硬揭，而是有技巧地在无形中揭。

在和老公朋友妻子闲聊时，小乐话语中会透露出一些信息，比如他们计划攒房子的首付，两人的工资都不高，平时家里的开支比较紧张等。由于小乐在口气上颇为注意，丝毫没有给人“哭穷”的感觉。

渐渐地，朋友们了解到小乐夫妻的难处，也不再把小刘视作大款。买单时，大家也积极起来，小刘顺水推舟，减少了自己买单的次数。

小乐用心策划，耐心执行，经过一段时间，终于把老公爱买单的习惯纠正过来。世界上，和小刘一样爱做“冤大头”的男人不是少数，所以，和小乐前期同类痛苦的女人，也不乏其人。

结婚前两年内，我和老公两人的银行存款几乎为零。当时，我们两人的收入并不少。之所以囊中羞涩，自然也是因为老公太爱买单。而且还“买”得理直气壮：“‘单’都到我眼前了，不买还有个男人样吗？！”

我当时脾气比较急躁，没有耐心和小乐一样慢慢等待老公的改变。不过，我也有自己的招数，而且实行起来也颇见成效。

原来，老公和一帮“狐朋狗友”吃吃喝喝时，不喜欢参加社交活动的我，从未想过加入到他们的队伍中。后来，我改变做法，开始“混入”其中，还和老公的朋友关系维持得不错。

和他们一起吃喝，不是我的目的。通过观察，我把老公的朋友进行了划分，分成爱占小便宜、蹭吃蹭喝，胡吃海喝、东侃西聊，以及对事业有帮助三类。

对于第一类人，我决定绝不手软，坚决予以打击。

当和他们在一起吃饭时，我会瞄准时机，向老公要钱包，表明想出去买点东西。其实，我并没有出去买东西，只是在厕所附近等了一下。等服务员把账单送来，老公手里没有钱包，对方无奈之下，只得买单。

时间久了，老公对我的“阴谋”有所察觉，不再把钱包给我。不过，这也难不倒我。当服务员来结账时，我故意把水杯或啤酒杯之类的障碍物，放在老公或服务员面前乱晃，以阻碍老公买单的“进程”。

这样的“诡计”实行了几次后，那些一心白吃白喝的人，看出了点名堂，也不好意思再常找老公吃饭了。

对于第二种胡吃海喝中闲聊的人，既然相互之间都是朋友，我觉得，买单与不买单应该各占一半。

有时候，我会趁老公不注意，把他的包放到远离他的位置，买单时，他不能快速拿到钱包，也就不能“抢单”了。如果我一味这样做，也有些显得不见人情，毕竟是朋友之间的交往，总要有来有往。有时，我还是老老实实把钱包放在老公身边，让他体会买单的那份心理满足感。

对于第三种对老公事业有帮助的人，我认为买单是理所当然的事情，应该大力支持。

表面看，我的想法和做法有些势利，但现实社会中，只知道一味闷头干活，与领导缺少交流，可能是“白干”。既然是对老公事业有帮助，咱当然不能太小气。如果这点心思都没有的话，可真是有些不识大体了。

我们希望老公为自己买单，却不希望老公一味为他人买单，不是因为我们过于自私。老公为我们买单，从中能够体会到他那份浓浓爱意的同时，我们自己掌控着消费数量，不会让老公因此而倾家荡产。而老公为他人买单，消费数量不易掌控，次数增多的情况下，难免会拖累整个家庭经济。

没有小金库的女人是世界上最笨的女人

英国女作家伍尔芙在《一间自己的屋子》里有这样一段话：女人要想从事写作或任何能体现自身价值的活动的话，一定要有私房钱以及“一间自己的屋子”。

结婚了，两个人的钱放在一起用，但彼此仍然要保留独立空间。让老公为我们买单的同时，我们不妨把自己的钱留下来，存进只有自己才知道的小金库。

几年前，和一位男同事聊天，无意中聊起小金库的事情，他对我说：“没有自己小金库的女人是世界上最笨的女人。”

当时，这句话对我来说，有些糊里糊涂但又简直是当头棒喝。因为我就是世界上最笨的那个女人之一。我向他问起原因，他的一段话让我醍醐灌顶：“女人有自己的一份财产，才更有安全感。如果哪天他有个不测，起码你可以拿自己的小金库过日子。或者当他没有收入、生意失败时，我们可以自己养活自己。”

有些事情，不想不知道，一想可能就会吓一跳。谁都不知道前方的道路会是怎样，现在是一马平川，下一步可能就会掉进陷阱。未雨绸缪，从来都不是一件坏事情。

女人天生就是缺乏安全感的生物，在古代，就有妇女怕被丈夫抛弃，而私藏财物。现如今的世界更多变，女人们还是为自己存些私房钱，建个小金库吧！

5年前，表姐毅然与当时穷得叮当响的男友结婚。婚后，表姐老公出去做生意，表姐一人在家照顾孩子和公婆。最初的2年里，表姐夫生意没有起色，几乎没向家里提供经济支持，全靠表姐一人打零工维持生计。

白天出去工作，晚上回去照看孩子和公婆，表姐不仅任劳任怨，还极少在自己身上花钱，连续几年从未买过新衣服。对此，周围邻居都交口称赞。近两年，表姐夫生意越做越大，大家都认为表姐的苦日子要结束。可是，表姐依然生活得很朴素，表姐夫给她钱，她也不多要，只要足够孩子上学的那份。

后来，表姐夫在外面找了比表姐更年轻的女人，用钱打通关系，不仅与表姐离了婚，还将孩子带走了。最终，表姐既没得到丈夫孩子，也没有落下一分钱，以后的日子不知如何继续。

如果说生活困苦时，表姐没有攒点私房钱，属于正常情况。但是，表姐夫发达之后，她就应该多留几个心眼，建立私人小金库。最近几年，男人有钱变心的事例接连发生，不知是因为表姐太淳朴，还是其他原因，没有危机意识，做好准备，最终的结果只能是让人一声叹息。

其实，女人建立自己的小金库，也不全然是为了预防男人变心，也为自己支取方便。

如果你老家在农村，父母都是靠土地生存的农民，依靠微薄收入供养你上大学。现在，父母上年纪了，缺乏生活来源，需要你时常资助。

但是，如果总是挪用“公款”，你的面子上可能过不去。久而久之，也许老公不会有怨言，难保公公婆婆也如此知情达理。更有甚者，还可能唠叨你“胳膊肘向外拐”。

此时，如果你有自己的小金库，可以从中支取，神不知鬼不觉地资助你的父母。既补贴了父母，又不至于伤害与公婆的和气，不视为一种聪明的做法。

除了预防老公变心和自己使用方便之外，女人有自己的小金库，说不定还会救家庭于危难之中。

2年前，我们刚刚买上房子，为交高昂的首付，家庭账户里所剩无几。准备装修时，老公公司又出现了点问题，连续几个月没有发下来工资。已经交付的房子，等待装修，没有办法，我只好动用了自己的小金库。

没想到，我的小金库竟然支撑起所有的装修费用。对此，老公喜出望外，他不用再去东拼西凑。他明白，当时正值金融危机，谁家的“余粮”都不多，借钱不是一件容易完成的任务。

在家庭特别的日子或有特殊需要时，你从小金库中一下拿出一笔钱，马上会让你变成家庭“拯救者”， 增添你在他心中的分数，让老公对你另眼相看，让老公更爱你。

女人有自己的小金库，自己的生活也会变得“舒适”。有时，并不是所有想要的东西，都让老公买单。一些秘密的消费，用私房钱去买，感觉更自由、更舒畅。

遇到工作压力大，或者心情不好时，老公恰好没有时间陪自己，我喜欢去逛街。看到有眼缘的款式，就买来安慰自己，那种看上了就爽快付钱的体验，真是妙不可言。

如果用家庭“公共基金”付账，势必回家要向老公报告。按照以前的经验，老公嘴上不说，心里难免会有不情愿。随着次数的增多，难免会引起家庭矛盾。现在，用自己的私房钱，既发泄了情绪、得到漂亮衣服的同时，也不用顾及别人的感受，的确是女人宠爱自己的好方式。

现在，你知道了，女人有自己的小金库，并不一定意味着夫妻间的不信任，也不尽然为防着老公，是一件对家庭、对自己都有利的事情。所以，有自己小金库的女性朋友们，不用让自己的心灵承受“背叛”的压力，你没有伤害任何人。

不过，对于为人细心、敏感的老公来说，女人存私房钱，可能会让他产生不信任感，并进而对你有所猜忌。因此，存私房钱这项工作，也需要一定的技巧性。

首先，别把婚前财产全部告诉老公。

结婚后，你和老公变成一家人，大家把钱放在一起使用。此时，你可以不用百分百诚实，急于和盘托出，只需把部分财产“贡献”出来，其余留在自己的小金库中。

其次，奖金是一个稳定来源。

一般来说，我们每月的工资较为固定，也大多会被打在工资卡上。在工资上，并不容易做“手脚”。奖金却不同，每个月数量或许都不同，具备成为小金库来源的特质。

每月发奖金时，你不妨从中留出来一部分，但不要留出太多，否则难免引起老公怀疑，影响家庭支出。虽然每次“截留”的数量不多，凭借“只要功夫深，铁杵磨成针”的信念，和时间的积累，相信最终会变成一笔不小的数目。

再次，隐瞒自己的年终奖。

有些单位的年终奖比较丰厚，动辄上万元，甚至十余万元。对这部分财产，我们对老公也可以不以诚相告。留下其中的一部分，或者一半，放进自己的小金库，其他的部分放进家庭公共账户。

最后，保密工作要到位。

无论你采取何种方式，最关键的一点，就是要注意高度保密，千万不要在头脑发昏的时候透露“风声”。如果觉得把小金库的卡放在家中不放心，可以交给父母或者值得信任的朋友代为保管。

对理财有兴趣的朋友，还可以利用私房钱来投资，不要让其呆在银行里等待贬值。可以长线投资两三只股票，暂且不管股市跌宕起伏，耐心等待“收网捞大鱼”；或者投资风险较低的基金，收获稳定的收益。

如此来看，幸福的女人都有小金库，我们没有必要把女人存“私房钱”视作一种社会道德或婚姻忠诚度去衡量。就像在大街上，男人会对美女多瞟几眼，却不影响他对老婆的爱。女人有小金库，是一种婚姻的艺术，只要不用来养其他男人，只会对家庭有利而无害。